MARBURG AN DER LAHN

W0177833

Lutz Münzer

Marburg an der Lahn

Der Stadtführer

mit zahlreichen
Fotos, Skizzen
und Karten

Marburg November 2005
Druckhaus Marburg

Lutz Münzer: Marburg an der Lahn – Der Stadtführer
Herausgeber: Druckhaus Marburg
ISBN: 3-00-013807-2

1. Auflage: November 2005

© beim Verfasser und beim Verleger
Übersetzung D > E: Jan Niehues
Gestaltung: Tom Engel, Ebsdorfergrund-Roßberg

Abbildungsnachweis:

Umschlagseite 1: Ralf Kruse
S. 17: Bildarchiv Foto-Marburg
S. 18: Greifelds/Stabsstelle für Presse- und Öffentlichkeitsarbeit
    der Stadt Marburg
S. 19: Fachdienst Stadtentwicklung und -planung/Wirtschafts-
    förderung der Stadt Marburg
S. 25: oben: Karl-Heinz Jacobi
S. 62: Internet
S. 63: Internet
S. 71, 74: Tom Engel
Umschlagseite 4: Rainer Kieselbach

Alle anderen Fotos und Karten stammen vom Verfasser.
Aktuelle Karten- und Pläne:
– Stadtplan 1:15.000, Ausschnitt: Umschlaginnenseite hinten
– Übersichtskarte des Stadtgebietes: S.10
– Liniennetz der Stadtwerke Marburg: S. 90-91
– Plan Innenstadt und Weidenhausen 1:7.500: Umschlaginnen-
  seite vorn

INHALT

MARBURG IST SCHÖN — 6

DIE LANDSCHAFT — 7

STADTKARTE — 10

AUS DER STADTGESCHICHTE — 12

MARBURG HEUTE — 23

DIE STADTVIERTEL — 24
Schloss und Schlossberg (24) — Die Oberstadt (27)
— Die Nordstadt mit Elisabethkirche & Ketzerbach (35)
— Zwischen Lahn und Oberstadt (40)
— Marburgs 'Neue Mitte' (43) — Weidenhausen (44)
— Südviertel (46) — Schloss und Rotenberg (50)
— Aus anderen Stadtviertel (50)

BLICKE AUF DIE STADT — 53
Marburg kompakt – ein Rundgang (55)

AUSFLUGSZIELE IN DER UMGEBUNG — 56

BERÜHMTE PERSÖNLICHKEITEN
IN MARBURG — 60

NÜTZLICHE HINWEISE — 64
Literatur über Marburg (64)
— Feste und Märkte (66)
— Unterwegs zur Stadt und in der Stadt (69)
· Viele Wege führen nach Marburg (69)
· Unterwegs in Marburg (70)
— Kultur in Marburg (72)
· Museen, Galerien und Ausstellungen (72)
· Ausgewählte Kirchen (73)
· Bibliotheken, Archive (74)
· Kino, Theater, Kulturzentren (75)
· Stadt- und Schlossführungen (76)
— Sonstige wichtige Adressen (77)
· Parks, Schwimmbäder, Aussichtsturm, Lehrpfade
— Einkauf und Verköstigung (79)

ENGLISH SUMMARY — 80

REGISTER — 84

STRASSENVERZEICHNIS — 86

Marburg ist schön!

Zahlreich sind die Kommentare über Marburg, vielfältig über die Jahrhunderte hinweg. Enge und Provinzialität des Universitätsstädtchens werden häufig beklagt. So ganz unzutreffend waren diese Bemerkungen weder in früheren Zeiten noch sind sie es heute. Aber das alles tritt völlig in den Hintergrund vor dem großartigen Stadtbild. Die einmalige Geschlossenheit der Altstadtanlage mit ihrer faszinierenden Einbettung in eine abwechslungsreiche Landschaft blieben gewahrt – unbeschadet aller Bausünden, wovon es leider auch in Marburg genug gab und wovon weitere demnächst folgen. Erstaunlich wenig beeinträchtigt ist die Vitalität der Altstadt als Einkaufszone. Andererseits besteht nahezu überall die Möglichkeit, sich zu Fuß binnen weniger Minuten in Grünzonen – Parks, Flusslandschaften und Wälder – zurückzuziehen.

Die Ausdehnung der Marburger Altstadt beträgt nicht einmal einen Quadratkilometer. Aber selbst derjenige, der jahrzehntelang hier lebt, wird immer wieder Unbekanntes entdecken, 'neue' reizvolle Ecken, Aus- und Durchblicke wahrnehmen. Möge dieser Führer die Entscheidung erleichtern, 'die Perle' unter den deutschen Städten ein wenig näher kennenzulernen.

Vielen Dank ...

Die Erstellung dieses Stadtführers haben zahlreiche Personen unterstützt, manche sicher ohne dass es ihnen bewusst war. Es kamen Anregungen und Erfahrungen, die sich teils auf Marburg, vielfach aber auch auf andere Orte oder Erzeugnisse bezogen, die sich mit der vorliegenden Schrift vergleichen lassen. Vielen ist also zu danken, namentlich hervorgehoben werden können freilich nur wenige. An erster Stelle ist hier Tom Engel zu nennen, der über seine Tätigkeit als Gestalter hinaus stets auch ein waches Auge auf inhaltliche und strukturelle Angelegenheiten hatte. Zu danken ist auch Mitarbeitern und Mitarbeiterinnen der Marburg Tourismus & Marketing GmbH (Touristinformation), allen voran Herrn Michael von Aschwege, der zahlreiche wertvolle Detailhinweise auf spezielle Marburger Befindlichkeiten gab. Nicht vergessen werden darf schließlich Herr Jörg Grunwaldt, Sprecher der Gästeführer in Marburg, der den Erstentwurf kritisch gegenlas und zu manchen inhaltlichen Nachbesserungen sowie Präzisierungen anregte. Schließlich: Ohne häufigen Austausch mit meiner Frau Brigitte und ohne Korrekturlesung durch sie wäre die Schrift nicht so geworden, wie sie vorliegt.

Die Landschaft

Die Stadt zwischen den Bergen

Einen wesentlichen Teil der Attraktivität von Marburg macht die Lage an und zwischen mächtigen Bergzügen aus. Um bis zu zweihundert Meter überragen im Westen der Marburger Rücken und im Osten die Lahnberge das flachsohlige Lahntal, auf ca. 180 m Höhe gelegen. Nur wenige Straßen queren die steilwandigen Bergzüge, die größtenteils bewaldet sind. Was einerseits zur schwierigen klimatischen Situation beiträgt – es hapert an der Durchlüftung, Nebelbildung ist im Winterhalbjahr häufig – beschert andererseits reizvolle Blicke auf die Stadt und bildet ein immer wieder ansprechendes Ausflugsgebiet in unmittelbarer Nähe. Schließlich gab gerade das Terrain den Anlass zum Werden der Stadt an dieser Stelle.

Die Entstehung der Topographie, die Verkehrs- und Stadtplaner vor anspruchsvolle Aufgaben stellt und die körperliche Leistungsfähigkeit von Bewohnern und Besuchern Marburgs fordert, ist bis heute nicht eindeutig geklärt. Noch vor 20 Mio. Jahren, im späten Tertiär, floss die Lahn jedenfalls weiter im Osten im Gebiet des heutigen Amöneburger Beckens. Dort, wo jetzt das Dorf Fronhausen liegt, 15 km südlich von Marburg, ist erst der auch jetzt noch anzutreffende Verlauf wieder erreicht worden. Marburger Rücken sowie Lahnberge waren als eigenständige Erhebungen nicht vorhanden, sondern bildeten zusammen eine – wesentlich tiefer liegende – Einheit. Erst danach entstanden durch ein Zusammenwirken von Landhebung bei gleichzeitigem Zerbrechen zuvor zusammenhängender Gesteinspakete die gegenwärtig anzutreffenden Höhenzüge, voneinander getrennt durch die Lahn. Gefördert wurde der Prozess durch die Flusserosion. Sie war besonders aktiv während der Eiszeiten, fehlte doch die schützende Vegetationsdecke weitgehend.

Landschaftserlebnis Lahn

Mühlgräben und Mühlen, Wehre, Brücken und die Aue selbst in unterschiedlichster Gestalt sorgen für ein abwechslungsreiches Wassererlebnis auf kleinem Raum.

Von der Quelle am Lahnhof im Rothaargebirge bis zur Mündung in den Rhein bei Niederlahnstein beträgt die Länge der Lahn 245 km. Damit steht sie in dieser Hinsicht unter den Zuflüssen des Rheines hinter Main, Mosel und Neckar an vierter Stelle. Den in Marburg anzutreffenden Flusscharakter erhält die Lahn erst wenige Kilometer aufwärts bei Cölbe durch die Einmündung von Wetschaft und Ohm.

Seit der frühen Neuzeit spielte die Lahn immer wieder eine Rolle bei Überlegungen, Rhein und Weser durch einen Wasserweg zu verbinden. Tatsächlich kanalisiert wurde die Lahn im 19. Jahrhundert aber nur von Niederlahnstein bis Gießen, ausschließlich für kleine Schiffe. Oberhalb von Gießen beschränkt sich der Wasserverkehr auf Freizeitboote: Kanus, abschnittsweise Sportruderboote und – nicht zuletzt in Marburg – Tretboote.

Am Wehrdaer Weg im Norden sowie vor Weidenhausen im Süden befinden sich zwei stattliche Wehre, an denen jeweils Mühlgräben abgezweigt werden. Nicht alle der einst zahlreichen Mühlen – allein der Deutsche Orden besaß im 15. Jahrhundert fünf – haben die Zeit überdauert. Noch heute im Stadtbild als Mühlen wahrnehmbar, wenn auch nicht mehr dem Mahlbetrieb dienend, sind die Elisabethmühle am Wehrdaer Weg, die Herrenmühle am Rudolphsplatz (vgl. S. 40) und die Ölmühle in der Frankfurter Straße beim Weidenhäuser Wehr.

Älteste und jahrhundertelang einzige Lahnbrücke war die Weidenhäuserbrücke vor dem Lahntor [Inn.]. Die heutige Anlage stammt vom 1891-92. 1723 kam im Norden der Stadt im Zuge der späteren Bahnhofstraße [D1] eine steinerne Bogenbrücke hinzu, die einen Fußgängersteg sowie eine Furt ersetzte. Damit ließ sich der weite Umweg über Weidenhausen, den

Auf der Lahn vor Weidenhausen

bislang der Fuhrwerksverkehr von und zum Norden bei Unpassierbarkeit der Furt hatte einschlagen müssen, vermeiden. 1867 wurde die neue Bahnhofsbrücke erbaut, die bis heute erhalten ist.

Als letzte der 'alten' Brücken in Marburg wurde 1892 die Schützenpfuhlbrücke [B6] im Süden der Stadt angelegt. Diese ermöglichte es, von Südosten aus die Stadt zu erreichen, ohne einen bis fast an die Lahn heranreichenden Ausläufer der Lahnberge zu überqueren. Zugleich stellte die Schützenpfuhlbrücke die Verbindung zur damals schon geforderten Reisezugstation im Süden der Stadt sowie

*Marburgs jüngste Lahnquerung:
Die Luisa-Haeuser-Brücke*

der erst wenige Jahre alten Psychiatrie dar (vgl. S. 18 und 50).

Erst im Zusammenhang mit der Anbindung des Universitätsneubaugebietes auf den Lahnbergen (vgl. S. 51) wurde eine weitere Straßenbrücke über die Lahn geschaffen: Ca. 200 m nördlich der Schützenpfuhlbrücke überspannt seit den frühen siebziger Jahren die Konrad-Adenauer-Brücke Lahn, Autobahn und Eisenbahn.

Schließlich gibt es, zum Teil schon seit geraumer Zeit, diverse Fußgängerbrücken über den Fluss.

Vor allem wenn im Winter Tauwetter und ergiebiger Regen zusammenfallen, kommt es zu Hochwasser. Die Wasserführung der Lahn kann dann gegenüber dem Durchschnitt fast um das Zwanzigfache zunehmen. 1552 und 1763-64 ist infolge von Hochwasser die Weidenhäuser Brücke eingestürzt. Zum Schutz gegen Überflutungen sind, beginnend 1894 mit dem Bückingsdamm [C5] vor dem Südviertel (vgl. S. 47), vor niedrig gelegenen Stadtteilen Deiche angelegt worden, die auch die erhoffte Wirkung erbrachten. Wegen der damit verbundenen Reduzierung der Überflutungsbereiche kam es zu einem Ansteigen der maximalen Wasserstände. Seit den fünfziger Jahren entstanden daher oberhalb von Marburg an Zuflüssen der Lahn drei Hochwasser-Rückhaltebecken. Zur weiteren Begrenzung der Hochwasserschwellen sind 2001-02 unmittelbar nördlich der Stadt und vor dem Südviertel zusätzliche Flutmulden und Wasserläufe geschaffen worden.

Übrigens: Alle paar Jahre friert die Lahn zu und lädt dann zum Eislaufen inmitten der Stadt ein.

Siedlung

Wald

Schnellstraße

B 255 Bundesstraße

sonstige wichtige Straße

Eisenbahn mit Reisezugstation

Kirche (Auswahl)

Schloss

Burgruine

Freibad

Hallenbad

Campingplatz

Aussichtsturm

0   500   1000 m

1 : 95.000

Aus der Stadtgeschichte

Von den Anfängen

Ansatzpunkt der späteren Stadt bildete der Übergang über die Lahn: Hochwassersichere Hangzonen reichen von beiden Seiten nahe an den Fluss, und die Neigungen gestatten noch Fuhrwerksverkehr – eine auf lange Strecken des Lahntales sonst nicht gegebene Situation. Vor diesem Hintergrund erklärt sich die Funktion einer Ringwallanlage aus karolingischer Zeit auf dem danach benannten Schanzenkopf, einer Terrasse am Westabhang der Lahnberge [vgl. Stadtkarte].

Im 11. Jahrhundert existierte auf der Höhe nördlich des Schlossberges, der heutigen Augustenruhe [C2], eine kleine Befestigung, als »Lützelburg« bezeichnet. Sie befand sich im Besitz der Gisonen, dem in der Region damals bedeutendsten Adelsgeschlecht. Zweck der Anlage bildete vermutlich die Kontrolle zweier Fernhandelsstraßen:

– Der *Weinstraße,* einer Nord-Süd-Verbindung zwischen Frankfurt und Norddeutschland, die westlich der heutigen Stadt auf dem Marburger Rücken [vgl. Stadtkarte] verlief,
– sowie der *Niederrheinischen Straße,* einer Ost-West-Achse vom Rheinland über Hersfeld nach Leipzig, die in Marburg die Lahn querte.

Die Lützelburg lag nördlich des Mar(c)baches (= Grenzbaches), so genannt, weil er die Grenze zwischen zwei Gerichtsbezirken markierte.

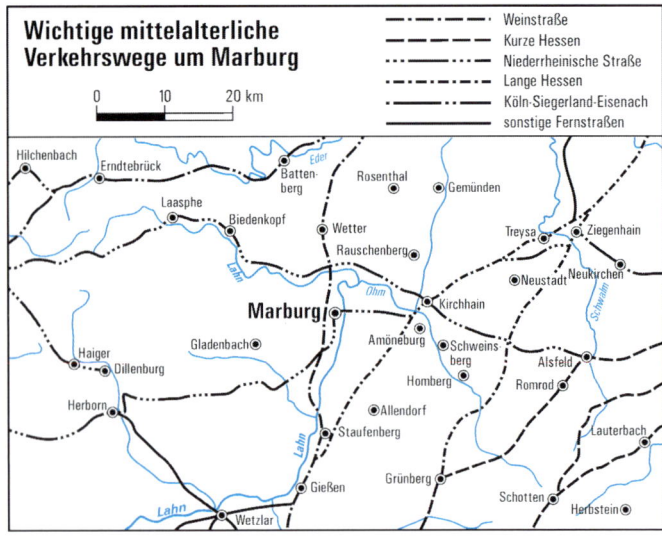

Wichtige mittelalterliche Verkehrswege um Marburg

0   10   20 km

– – – – – Weinstraße
– – – – – Kurze Hessen
–·–·–·– Niederrheinische Straße
·········· Lange Hessen
–··–··– Köln-Siegerland-Eisenach
sonstige Fernstraßen

Hilchenbach · Erndtebrück · Battenberg · Rosenthal · Gemünden · Laasphe · Biedenkopf · Wetter · Treysa · Ziegenhain · Rauschenberg · Neustadt · Neukirchen · Marburg · Kirchhain · Gladenbach · Amöneburg · Schweinsberg · Haiger · Dillenburg · Homberg · Alsfeld · Romrod · Herborn · Allendorf · Lauterbach · Staufenberg · Gießen · Grünberg · Schotten · Herbstein · Wetzlar

Eder · Lahn · Ohm · Schwalm

Landgrafenschloss und Stadtpfarrkirche – Blick von der Bismarckpromenade [D5, E5, F6]

1121 erbten die Gisonen die Grafschaft Hessen, d. h. den heute als Niederhessen bezeichneten Raum um Kassel und Fritzlar. Schon ein Jahr später ging der Besitz (Nieder- und Oberhessen) im Erbgang an die Thüringer Landgrafen. Deren Position als Landesherren wurde allerdings durch das im heutigen Mittel- und Nordhessen über umfangreichen Landbesitz verfügende Erzbistum Mainz in Frage gestellt.

Die Anfänge einer Burg dort, wo heute das Landgrafenschloss steht, reichen zurück bis zur Wende zwischen dem 10. und 11. Jahrhundert. Für 1138-39 ist an dieser Stelle die Existenz einer landgräflichen Burg überliefert. Noch im gleichen Jahrhundert begann unterhalb von ihr die Entwicklung einer Siedlung, gelegen zwischen der Burg einerseits und einem landgräflichen Wirtschaftshof andererseits. Dieser – als »Fronhof« bezeichnet – lag an einer Furt durch die Lahn unmittelbar am Hangfuß des Schlossberges, südlich der heutigen Weidenhäuser Brücke, die später die Furt ersetzte [Inn.].

Die junge Siedlung erhielt – nach der Burg – die Bezeichnung Marburg. Um 1140 sind Münzprägungen im Ort bezeugt. 1222 wird Marburg erstmals urkundlich als Stadt erwähnt. Noch im 13. Jahrhundert erfolgten zur Verbesserung der Verkehrsverhältnisse Wegeausbauten: War anfangs der Marktplatz nur über den steilen und damit für schwereren Wagenverkehr ungeeigneten *Hirschberg* [Inn.] zu erreichen, so wurde nun eine Schleife, führend über die *Reitgasse* und den

Schuhmarkt [beide Inn.] mit deutlich geringerer Steigung angelegt. Die Niederrheinische Straße erfuhr eine weiträumige Umlegung und erreichte seitdem Marburg nicht mehr von Westen her. Vielmehr ist diese Straße bei Niederweimar ins Lahntal geführt worden und lief von dort, auch den Nord-Süd-Verkehr aufnehmend, soweit er Marburg berührte, über die Straßenzüge *Schwanallee/Barfüßertor/Barfüßerstraße* [B5, B4, C4, C3] in das Zentrum von Marburg – freilich um den Preis erheblicher Hochwassergefährdung südlich von Marburg.

Noch im 13. Jahrhundert ist die Stadt erheblich gewachsen. Zum einen dehnte sich der Siedlungskern unterhalb der Burg aus, zum anderen entstand jenseits der Lahn die Vorstadt Weidenhausen. Möglich wurde dies wesentlich durch die Aufgabe mehrerer Dörfer im unmittelbaren Umfeld der jungen Stadt und die Umsiedlung ihrer Bewohner – ein bei Stadtentstehungen der damaligen Zeit häufig zu beobachtender Vorgang. Marburg hatte damit im Wesentlichen den bis zur zweiten Hälfte des 19. Jahrhunderts (Eisenbahnschluss 1850 – vgl. S. 17) anzutreffenden Umfang erreicht (vgl. Stadtplan S. 19).

Marburg und die heilige Elisabeth

Elisabeth, Tochter des ungarischen Königs Andreas II., kam als Vierjährige 1211 aufgrund eines Heiratsvertrages an den thüringischen Hof und wurde

Die hl. Elisabeth – Relief am Treppenhausportal des Rathauses

1221 mit dem Landgrafen Ludwig IV. verheiratet. Dieser starb schon 1227 als Kreuzzugsteilnehmer in Süditalien. Noch zu Lebzeiten des Landgrafen hatte Elisabeth sich zunehmend einem durch christliche Armutsideale geprägten Leben zugewandt und dadurch das Missfallen der Verwandten ihres Mannes erregt. Nach schwierigen Auseinandersetzungen mit diesen bekam die junge Witwe zum Unterhalt neben einer Abfindung Ländereien zur lebenslänglichen Nutznießung bei Marburg zugewiesen. Elisabeth wählte 1228 Marburg als Witwensitz. Zu dieser Entscheidung trug zweifellos bei, dass ihr Beichtvater Konrad, der entscheidenden Einfluss auf ihre religiöse Entwicklung nahm, aus der Region stammte.

Hier gründete sie ein Hospital mit Hospitalskirche, geweiht dem heiligen Franziskus, entsagte offiziell dem weltlichen Leben und wurde selbst im Hospital tätig. Bereits 1231 starb sie nach kurzer Krankheit. Das Hospital, an dessen Grund und Boden Elisabeth nur die lebenslange Nutznießung zustand, ist seitens ihrer Schwäger, der Landgrafen von Thüringen, dem damals aufblühenden Deutschen Ritterorden zusammen mit weiterem Besitz im Marburger Raum übertragen worden. Einer der Schwäger, Landgraf Konrad, trat selbst dem Ritterorden bei.

Das Grab der ehemaligen Landgräfin entwickelte sich rasch zum Wallfahrtsort, weil ein Besuch dort angeblich heilende Wirkungen bei Krankheiten ausüben konnte. Spenden und Ablässe der Pilger ermöglichten schon 1232 den Beginn eines Kirchenbaues auf dem Hospitalgelände. Am Pfingstsonntag 1235 ist Elisabeth heilig gesprochen worden und am 14. August des gleichen Jahres erfolgte die Grundsteinlegung der Elisabethkirche. Marburg wurde nun zu einem der bedeutendsten Wallfahrtsorte nördlich der Alpen, vom Rang her vergleichbar mit Santiago de Compostela in Spanien.

Die Wallfahrtskirche blieb unter der Obhut des Deutschen Ritterordens. Dank erfolgreicher Erwerbspolitik hat sich die Ordensniederlassung Marburg, auch als »Deutsches Haus« oder »Haus der Brüder des St.-Marien-Hospitals der Deutschen zu Marburg« bezeichnet, zu einer der vermögendsten Niederlassungen des Ordens überhaupt entwickelt. In unmittelbarer räumlicher Nachbarschaft zur Elisabethkirche entstanden noch im 13. Jahrhundert ein neues Hospital, ein Brüder- und Komturhaus sowie ein stattlicher Wirtschaftshof.

Damit war der Stadt eine neue Entwicklungsrichtung vorgegeben: Noch im 13. Jahrhundert entstand an ihrem nordwestlichen Rand als Stadterweiterung die »Neustadt«. Als Verbindung zum Ordensbezirk um die Elisabethkirche wurde der schon im 14. Jahrhundert mit einem Pflaster versehene und danach benannte *Steinweg* angelegt. Im gleichen Zusammenhang ist die Entstehung der Vorstadt »Ketzerbach« westlich der Elisabethkirche zu sehen, 1349 erstmals erwähnt.

Hessen und Thüringen von einander getrennt

1247 starb das hessisch-thüringische Landgrafengeschlecht im Mannesstamm aus. In Thüringen folgten daraufhin die Markgrafen von Meißen als neue Landgrafen. Anders in Hessen: Das Erzbistum Mainz beanspruchte die Grafschaft Hessen, das heißt Niederhessen, als heimgefallenes Lehen. Eine Tochter der hl. Elisabeth, Sophie, war bis 1248 mit dem Herzog von Brabant und Lothringen verheiratet und versuchte nach dessen Tod, das gesamte hessisch-thüringische Erbe für ihren minderjährigen Sohn Heinrich zu sichern. Hinsichtlich der Landgrafschaft Thüringen gelang das nicht. Aber nach langen kriegerischen Auseinandersetzungen mit dem Erzbistum Mainz blieben die hessischen Besitzungen auf der Grundlage des Vertrages von Langsdorf aus dem Jahr 1263 praktisch ungeschmälert im Besitz des Hauses Brabant. 1292 ist Graf Heinrich von Hessen, der nach 1265 den Titel »Landgraf« führte, mit Billigung des Kurfürstenkollegiums in den Reichsfürstenstand erhoben worden.

Hessens Gründerin: Sophie von Brabant mit ihrem Sohn Heinrich

Der Kampf um Hessen wurde wesentlich von Marburg aus geführt, das zum Eigenbesitz der Grafen zählte. Im späten 13. Jahrhundert sind die Residenzfunktionen der Landgrafschaft jedoch weitgehend nach Kassel verlegt worden.

Gemächliches Werden - vom 14. Jahrhundert bis zum Anschluss an Preußen

Die Ausdehnung der Stadt blieb vom frühen 14. Jahrhundert bis in die zweite Hälfte des 19. Jahrhunderts weitgehend unverändert. Funktional ergaben sich zum Teil Veränderungen. Diese blieben aber ohne Auswirkungen auf die Gliederung der Stadt.

Wesentlich trug dazu bei, dass Marburg weiterhin unter den Städten in der Landgrafschaft Hessen nach Kassel nur an zweiter Stelle rangierte. Ansätze der Zuweisung von Residenzaufgaben im späten 15. und frühen 16. Jahrhundert gediehen nicht weit; Marburg trat immer mehr hinter Kassel zurück. Die Teilung Hessens in vier Fürstentümer, eines davon Hessen-Marburg, durch Philipp den Großmütigen 1567 verhalf Marburg zwar zu einer Residenzfunktion und zog die Umgestaltung der Burg zu einer fürstlichen Residenz nach sich.

Aber mit dem Ende der Selbständigkeit Hessen-Marburgs im Jahre 1604 nahm dieser Prozess ein jähes Ende. Das Schloss ist zur Festung umgebaut worden.

Ein weiteres Problem ergab sich mit der Durchführung der Reformation auf der Grundlage

Landgraf Philipp der Großmütige, Gründer der Universität

die Universität während der Zugehörigkeit von Hessen-Kassel zum Königreich Westfalen in den Jahren 1807-1813.

Vor dem Hintergrund der schwierigen innenpolitischen Verhältnisse im 1803 zum Kurfürstentum erhobenen Hessen-Kassel mit unfähigen und despotischen Fürsten stagnierten Stadt und Universität in den ersten beiden Dritteln des 19. Jahrhunderts. Trotz des 1850 erlangten Bahnanschlusses blieb die Stadt von der Industrialisierung unberührt.

der Beschlüsse der Homberger Synode von 1526: Marburg verlor seine Rolle als Wallfahrtsort. Daher stellte die Gründung der Universität – die erste protestantische überhaupt – im Jahre 1527 für die Stadt nicht mehr als einen Ausgleich für erlittene Verluste dar, wirkte lediglich stabilisierend und leitete keinen größeren Aufschwung ein. Die neue Bildungsstätte bekam zahlreiche, durch Säkularisierung frei gewordene kirchliche Bauten zugewiesen, die über Jahrhunderte hinweg genügen sollten. Wiederholt fristete die Marburger Universität nur ein Kümmerdasein und war in den politischen Wirren gegen Ende des dreißigjährigen Krieges zeitweise zugunsten der Konkurrenzgründung in Gießen geschlossen. Erst 1653 erfolgte eine Neu- bzw. Wiedergründung! Nochmals in Gefahr geriet

Marburg als preußische Universitätsstadt seit 1866

Neuer Schwung kam erst durch die Angliederung des Kurfürstentums Hessen-Kassel als Folge des »Deutschen Krieges« 1866 an Preußen. Die preußische Regierung widmete den annektierten Gebieten umgehend erhebliche Aufmerksamkeit. In Marburg trugen vor allem drei – durchweg staatlich initiierte – Prozesse zu einem raschen Ende des jahrhundertelangen Stillstandes bei:

– Der Ausbau der Universität – die Zahl der Studierenden stieg von 257 (1866) bis auf 2446 (1914), die Zahl der ordentlichen Professorenplanstellen erfuhr mehr als eine Verdoppelung in diesem Zeitraum.

– Die Entwicklung des Bahnhofes zum Knoten im Zuge des Nebenbahnbaues und

– die mehrfache Vergrößerung der Garnison.

Die Entstehung neuer Siedlungen, meist in unmittelbarer Anlehnung an den vorhandenen Siedlungskörper, fand mit folgenden Schwerpunkten statt:

– Im Bereich der ehemaligen Deutschordensniederlassung und entlang der Straßen zum Hauptbahnhof entstand ein Viertel mit zahlreichen medizinischen Einrichtungen und dazu gehörigen Dienstleistungsbetrieben (zum Beispiel Wäschereien). Diesem Teil der Stadt kam auch das Wachstum der Bahnanlagen zugute (vgl. S. 39).

– Der Ausbau geisteswissenschaftlicher Institute berührte vor allem den Südrand der Altstadt und leitete, zusammen mit dem in der Nähe erfolgenden Bau von Kasernen, die Entwicklung des Südviertels ein (vgl. S. 46). Als weiterer Impuls kam seit 1875 die Anlage der damals noch im freien Feld gelegenen »Provinzialirrenanstalt mit Psychiatrischer Klinik« östlich der Main-Weser-Bahn hinzu. All dies zog 1897 die Anlage des Südbahnhofes (B6) nach sich.

– Schließlich verursachte das anhaltende Bevölkerungswachstum um die Wende vom 19. zum 20. Jahrhundert die Anlage des »Biegenviertels«, östlich der Altstadt unmittelbar an der Lahn gelegen (Inn.), zur Deckung des steigenden Bedarfes an Mietwohnungen gehobener Qualität in zentrumsnaher Lage. Ansonsten blieb die Stadt weitgehend abgekoppelt von der im 1871 gegründeten Deutschen Reich anzutreffenden industriell-gewerblichen Dynamik. Die schwierigen Geländeverhältnisse und das Gefühl der wirtschaftlichen Sicherheit, das die prosperierende Universität

Marburgs Norden 1869, der Bahnhof (halbrechts im Hintergrund) liegt noch weit außerhalb der städtischen Siedlung

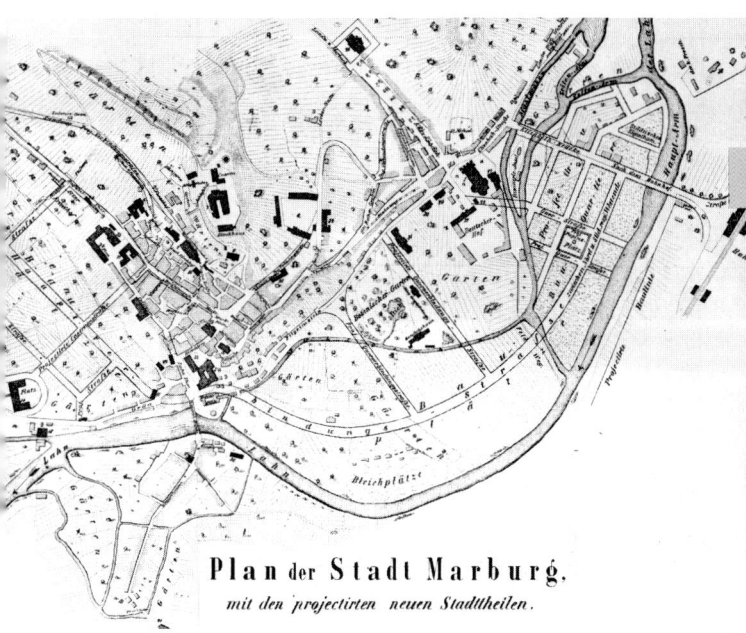

Plan der Stadt Marburg.
mit den projectirten neuen Stadttheilen.

Marburg kurz nach 1866 – noch ist die Stadt kaum über die seit dem Mittelalter eingehaltenen Begrenzungen gewachsen

vermittelte, trugen dazu bei, dass zukunftsträchtige Industrieansiedlungen auf kein positives Echo stießen und daher unterblieben. So hatte sich Carl Benz in den späten achtziger Jahren des 19. Jahrhunderts mit dem damaligen Stadtbaumeister Brög, der privat einen Kraftwagen konstruiert hatte, bereits über den Bau einer Kraftfahrzeugfabrik in Marburg geeinigt. Aber die Verwirklichung des Vorhabens wurde durch den Oberbürgermeister unterbunden. Die Errichtung der Behringwerke durch E. v. Behring in dem Marburg benachbarten Dorf Marbach hing gleichfalls wesentlich mit der gewerbefeindlichen Position der Stadt zusammen.

Die Zeit seit dem Ersten Weltkrieg

In der Zeit zwischen den Weltkriegen nahm die Dynamik der Stadtentwicklung spürbar ab. Aber einmal eingeleitete Entwicklungsrichtungen wurden weiter verfolgt und andererseits setzte die Aufsiedlung bisher kaum berührter Teile des Lahntales, vor allem östlich der Eisenbahn, ein. 1928 erfolgte als erste Eingemeindung die des »Hausdorfes« Ockershausen [vgl. Stadtkarte].

Marburg überstand den Zweiten Weltkrieg mit dem sprichwörtlichen »Blauen Auge«. Zu größeren Bombenschäden kam es lediglich im Bereich des Hauptbahnhofes und der Nordstadt. Die Elisabethkirche blieb

Blick auf den Richtsberg (hinten) und den »Affenfelsen« (vgl. S. 48)
von der Weinstraße (vgl. Stadtkarte)

unversehrt. Der starke Zuzug von Flüchtlingen und Heimatvertriebenen in die weitgehend unzerstörte Stadt zog eine Wohnungsnot nach sich, die für Jahrzehnte prägend bleiben sollte. Das führte zu raschem Siedlungswachstum, wobei mit den überkommenen Bauformen zum Teil völlig gebrochen wurde.

Es kam nun, neben der Verdichtung älterer Siedlungteile, großflächig zu einer Aufsiedlung des Lahntales und seiner Hangbereiche. Als Stadtviertel, die funktional und siedlungstrukturell völlig von dem Hergebrachten abweichen, seien zwei Bereiche hervorgehoben:

– Beginnend mit dem Neubau eines Mädchengymnasiums (Elisabethschule) 1955 setzte im Winkel zwischen Ockershausen und dem Südviertel die Anlage eines großzügig bemessenen Schul- und Sportanlagenviertels ein (A5, A6, B5, B6).

– 1964 begann die Errichtung einer mehrteiligen Großwohnsiedlung an und auf dem Richtsberg [vgl. Stadtkarte]. Heute handelt es sich um den bevölkerungsreichsten Stadtbezirk mit ca. 10.000 Einwohnern [vgl. S. 52].

Auch wurde im gleichen Jahrzehnt das Lahntal bei Siedlungsausweitungen ganz verlassen: In der zweiten Hälfte der sechziger Jahre begann auf den Lahnbergen der Bau neuer naturwissenschaftlicher Institute der Universität. In zwei Schritten folgt der überwiegende Teil der Universitätskliniken dorthin. 1984 fand die Eröffnung des ersten Bauabschnittes statt, der zweite Teil des Klinikums wird 2006 seine Tätigkeit aufnehmen (vgl. S. 51, Stadtkarte).

Zu erheblichen Umgestaltungen in der Lahnaue führte die völlige Neutrassierung der Bundesstraße 3 in den späten sechziger und frühen siebziger Jahren. Als möglicher Teil einer Nord-Süd-Autobahn ist die Bundesstraße auf Autobahnstandard mit breiten Standspuren ausgebaut worden. Das erforderte erhebliche Eingriffe in die vorhandene Bebauung sowie abschnittsweise Korrekturen des Lahnlaufes im Stadtgebiet. Im

Sommer 1974 wurde der erste Abschnitt der 'Stadtautobahn', anfangs tatsächlich noch als Autobahn eingestuft, für den Verkehr freigegeben. Der hohe Ausbaustandard verleitet zu schnellem Fahren. Die Geschwindigkeitsbeschränkung auf 100km/h wird vielfach nicht eingehalten und die Lärmbelästigung in großen Teilen der Stadt durch den überdimensionierten Verkehrsweg ist erheblich.

Schließlich zählt die Stadt Marburg – im Gegensatz zu den vergleichbar großen und eher bedeutenderen Städten Gießen und Fulda – zu den ausgesprochenen Gewinnern der Gebietsreform 1972-74: Es wurden nicht nur die mit der Stadt nahezu zusammengewachsenen großen Vororte Cappel, Wehrda und Marbach angegliedert, sondern auch eine Vielzahl kleinerer Siedlungen, überwiegend westlich vom Marburger Rücken

bzw. östlich der Lahnberge gelegen. Das Gebiet der Stadt Marburg reicht daher vom Rheinischen Schiefergebirge bis ins Amöneburger Becken und umfasst nun naturräumlich völlig unterschiedliche Bereiche. Die Einwohnerzahl der Stadt, die zuvor ca. 50.000 betragen hatte, stieg im Zuge dieser Eingemeindungen auf über 70.000 [vgl. Stadtkarte].

Die Sanierung der Altstadt

Nach dem Zweiten Weltkrieg entwickelte sich die Altstadt allmählich zu einem Problemfeld. Der bauliche Standard vieler alter Häuser entsprach nicht länger den aktuellen Ansprüchen, ein besonderes Konfliktfeld ergab sich mit dem kraftfahrenden Teil der Bevölkerung. Die große Zahl der Studenten sowie die allgemeine Wohnungsnot bedingten lange Zeit eine Bagatellisierung des Problemes, weil

Haus Nikolaistraße 8 während der Sanierung (1990) und heute [Inn.]

es noch hinreichend Nachfrage auch nach marodem Wohnraum gab. Gutachten in den Jahren 1968-69 offenbarten ein erschreckendes Ausmaß der baulichen Mängel und wiesen 48 % der Gebäude als nicht erhaltungswürdig, lediglich 27 % als mit vertretbarem Aufwand modernisierbar aus. Vor diesem Hintergrund bedeutete der Entschluss der Stadt Marburg, mit Wirkung vom 1. Juli 1972 die westliche Oberstadt und die Vorstadt Weidenhausen als Sanierungsobjekte auf der Grundlage des im Jahr zuvor verabschiedeten Städtebauförderungsgesetzes auszu-

weisen, eine mutige Entscheidung. Die Präzisierung der Ziele fand 1973 statt. Seitdem wird unter möglichster Wahrung der vorhandenen Sozial- und Baustruktur der vorhandene Baubestand grundsätzlich saniert. Abbrüche und Neubauten blieben Ausnahmen.

Seit einigen Jahren zählt auch die Nordstadt zum Sanierungsgebiet. Anlass bildete hier die zunehmend schwierige städtebauliche Situation nach dem 1984 begonnenen Wegzug der Kliniken, die sich 2006 mit der Verlagerung weiterer Kliniken verschärfen wird.

Marburg heute

Mit allen Stadtteilen zählt Marburg heute ca. 78.000 Einwohner, mehr als 3/4 davon leben in der Kernstadt und den mit ihr praktisch zusammengewachsenen Vororten Ockershausen-Stadtwald, Marbach, Cappel und Wehrda.

Unverändert dominiert die Universität das Wirtschaftsleben der Stadt. Ca. 18.000 Menschen studieren an ihr, nur ein Teil ist als Einwohner auch in Marburg gemeldet, so dass während der Vorlesungszeiten hier weitaus mehr als die oben genannten 78.000 Einwohner anzutreffen sind. Etwa 7.000 Personen sind bei der Universität beschäftigt, d. h. ca. 1/5 der versicherungspflichtigen Beschäftigten Marburgs. Kein Wunder, dass Marburg eine „Dienstleistungsstadt" ist: Über 80 % aller Erwerbstätigen arbeiten in diesem Sektor. Beim verarbeitenden Gewerbe besitzen praktisch

nur die Nachfolgefirmen der einstigen Behringwerke sowie wenige Spezialfirmen überregionale Bedeutung.

Nicht zuletzt dank der Universität, aber auch wegen eines ausgedehnten Einzugsgebietes ist Marburg auch eine »Schulstadt« mit zahlreichen weiterführenden und einem breiten Spektrum an berufsbildenden Schulen.

Schließlich: Die universitäre Prägung schlägt sich in einem spezifischen Ambiente nieder – mehr als 100 Kneipen finden sich hier, das Kinoangebot ist für eine Stadt dieser Größe auf höchstem Niveau und auch die sonstige Breite der Kulturszene übertrifft weitaus das, was andere gleichgroße Städte anbieten.

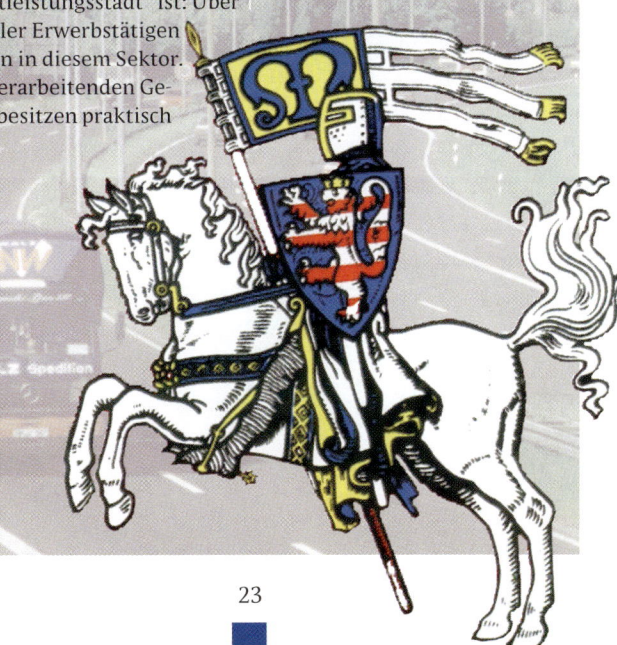

Die Stadtviertel

Schloss und Schlossberg

Neben der Elisabethkirche ist das Schloss das Wahrzeichen von Marburg, im Gegensatz zu dieser aus fast allen Richtungen schon von weither sichtbar.

Am Standort einer schlichteren Vorgängeranlage erhielt das Schloss im 13. und frühen 14. Jahrhundert im Wesentlichen das bis in die Gegenwart anzutreffende Aussehen. Zuerst entstand der Südflügel mit der 1288 geweihten Schlosskapelle als Abschluss. Im 14. Jh. erfolgten die Fertigstellung des großen Saalbaues auf der Nordseite sowie des Querbaus im Westen, des sog. »Frauenhauses«. Durch Anlage einer Stützmauer wurde eine Terrasse im Süden des zentralen Schlosses, das auch als Hochschloss bezeichnet wird,

geschaffen. Schon damals führte der Weg von der Stadt zum Schloss durch das heute noch vorhandene Südtor unterhalb der eben erwähnten Schlossterrasse.

Größere Erweiterungen der Anlage erfolgten im späten 15. Jahrhundert im Zusammenhang mit dem Vordringen der Feuerwaffen. So kam es zur Errichtung zweier Geschütztürme zur Sicherung des Schlosszuganges von Westen her. Aus der gleichen Epoche stammt der »Wilhelmsbau« östlich des Hochschlosses. Der Arkadengang zwischen Wilhelmsbau und Hochschloss datiert erst aus dem Jahr 1870, er ersetzte eine ältere Verbindung zwischen den Gebäuden. 1562 wurde die Rent-

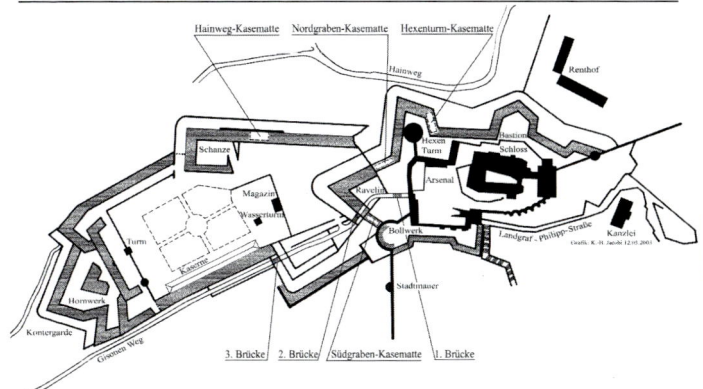

kammer südlich vor die Kapelle gesetzt. Spätere Ausbauten betrafen vor allem den Bereich der Vorburg, so den 1575 erneuerten und damals um zwei Etagen erhöhten Marstall. Dessen Renaissanceportal rührt aus dem Jahr 1573. Es gehörte ursprünglich zu einem Adelssitz in der Oberstadt und ist erst 1898 an seinen derzeitigen Standort versetzt worden.

Das 17. und 18. Jahrhundert brachte vor allem westlich des Schlosses die Anlage größerer Verteidigungsanlagen, die zum Teil auf Vorschlägen des hessischen Festungsbaumeisters WILHELM DILICH von 1620 beruhten: Beim heutigen Schlosspark handelt es sich um das Areal mehrerer Bastionen, Schanzen, Ravelins und Kasematten. In ihnen befanden sich unterirdische Geschützstände. In den vergangenen Jahrzehnten

sind die Kasematten wieder freigelegt worden.

Einen wunden Punkt des
Schlosses, der seinen militäri-
schen Wert als Festung entschei-
dend einschränkte, bildete die
Versorgung mit Wasser. In
Ermangelung eines leistungsfä-
higen Brunnens musste es durch
eine Gefälleleitung aus dem Tal
der Marbach (Ketzerbach) bezogen werden, womit sich im Falle
einer Belagerung dem Feind die
Möglichkeit bot, die
Burg und ihre Verteidi-
ger »trockenzulegen«.

Die beiden Geschütz-
türme büßten schon
früh wegen Steigerung
der Schussweiten der
Artillerie ihre militäri-
sche Funktion ein. Der
eine Turm wurde abge-
brochen, der andere ver-
lor durch Aufschüttung
an Höhe und diente von
1550 bis 1864 als Gefäng-
nis. Von dieser Funktion rührt
die volkstümliche Bezeichnung
»Hexenturm« her, waren doch
zeitweise auch der Hexerei ver-
dächtigte Frauen hier untergebracht.

Nach der Eroberung des Kurfürstentums Hessen durch
Napoleon 1806 ließ dieser die
veralteten Befestigungsanlagen
sprengen. Die gesamte Schloss-
anlage diente nun als Gefängnis.
1869 zog das Staatsarchiv ein,
was erhebliche Umbauten, bei
denen Teileelemente der historischen Bausubstanz verloren gingen, etwa im Zusammenhang
mit der Erneuerung der Dächer,
nach sich zog. Seit 1875 waren

hier außerdem Sammlungen des
Vereines für hessische Geschichte und Altertumskunde untergebracht. 1938 verließ das Staatsarchiv das Schloss. Nach zum Teil
jahrzehntelangen Zwischennut-
zungen wird heute der größte
Teil des Schlosses museal genutzt, u. a. für die vor- und früh-
geschichtliche Abteilung des
Universitätsmuseums sowie für
volkskundliche Sammlungen.

Vor allem die Gestaltung von

Der »Hexenturm«

West- und Nordbegrenzung lassen den einstigen Charakter des
Schlossparkes als Festungsteil
nachvollziehbar werden. In der
späten Renaissancezeit befand
sich auf dem Areal eine Renn-
bahn. Daran erinnert das 1626
errichtete Judicierhäuschen,
also gewissermaßen das Wett-
kampfbüro, in dem u. a. der
Landgraf Turnieren und Wett-
kämpfen beiwohnte und wo er
die Siegerbelohnungen vor-
nahm. Optisch sehr bestimmend
sind die gotisierenden, aus dem
Jahr 1927 stammenden Bögen
der Freilichtbühne.

Die Oberstadt

Die Oberstadt umfasst im Wesentlichen die mittelalterliche Stadtfläche mit Ausnahme der Vorstädte und zuzüglich des Steinweges.

Hauptachsen bilden die Straßenzüge *Barfüßerstraße/Marktplatz/Marktgasse, Untergasse/Reitgasse und Wettergasse/Neustadt/Steinweg.* Die Verbindung zum Schloss führt über den oberen Marktplatz durch die *Ritterstraße* oder die *Landgraf-Philipp-Straße* [Inn.].

Die Stadtbefestigung

Nur an wenigen Stellen sind Reste einer ersten Ummauerung der ältesten Stadtteile nachweisbar. Im späten 13. und frühen 14. Jh. erfolgte die Anlage einer Stadtummauerung, die zwar im Westen und Norden die Stadt mit dem Schloss verband, jedoch nicht in den frühneuzeitlichen Festungsbau einbezogen wurde. Vier Tore – im Westen das Kalbs- und das Barfüßertor, im Osten das Lahntor sowie im Norden das Werdertor – waren zunächst vorhanden. Hinzu kam im 14. Jh. das Renthöfertor. Im Zusammenhang mit der Einbeziehung der Neustadt in den ummauerten Bezirk ersetzte das nördlich gelegene Kesseltor das Werdertor. Das Kalbstor ist Anfang des 17. Jahrhunderts zugemauert worden. Kaiserliche Truppen sprengten die übrigen Tore 1647. Zwar sind sie noch einmal aufgebaut worden, fielen aber als Verkehrshindernisse Ende des 18. Jahrhunderts dem Abbruch anheim. Die Stadtmauer blieb vor allem im Westen der Oberstadt als freistehende Mauer erhalten, im Südosten lässt sie sich als Stützmauer von Grundstücken der Untergasse zum Teil verfolgen. Das Kalbstor am Ende der *Sybelstraße* [C3, Inn.] ist 1875 freigelegt und geöffnet worden. 1973 fand die Freilegung der Fundamente des Kesseltores [*Neustadt 17*, Inn.] statt.

Markt und Rathaus

Optisch dominiert das Rathaus den annähernd rechtwinkligen unteren Marktplatz. Zur Bewältigung des erheblichen Niveauunterschiedes zwischen Marktplatz und dem steil abfallenden Hang zur Lahn hin wurde das

Das Kalbstor

Das Rathaus

Gebäude auf einem sehr hohen, gewölbten Untergeschoss errichtet. Das Rathaus entstand in einer Phase des Aufschwunges für Marburg in den Jahren 1511-1526. Über dem Treppenhausportal befindet sich ein Relief der hl. Elisabeth, in dem sie gleichermaßen als Heilige wie auch als hessische Fürstin dargestellt ist. Das Relief (S. 14) stammt von dem in Marburg vielfach tätigen Künstler LUDWIG JUPPE (um 1460-1538).

Den Markt säumen Häuser aus sehr verschiedenen Zeitaltern: Als ältestes das »Steinerne Haus«, errichtet um 1320 und damit eines der seltenen Bei-

spiele für die Verwendung des Baumaterials Stein für ein privates Wohnhaus in dieser Zeit. Das zwischenzeitlich u. a. zum Feiern von Festen genutzte Haus beherbergt heute das Standesamt und im Keller eine Gaststätte. Bei den übrigen Gebäuden um den Markt handelt es sich

Welch eine Fassade! (Markt 16)

Gotteshäuser und Klöster

Die noch junge Stadt unterstand kirchlich anfangs dem acht Kilometer entfernten Dorf Oberweimar. Erste Kirche in Marburg, Filialkirche von Oberweimar, war die Kilianskapelle, entstanden um 1180 auf dem *Schuhmarkt* [Inn.]. Sie trat hinter der im 13./14. Jahrhundert, nach der kirchlichen Verselbständigung der Stadt Marburg, erbauten Stadtpfarrkirche bedeutungsmäßig zurück. Im 16. Jahrhundert ist der »Kilian« profanisiert

Der »Kilian« von Süden, Marburgs erste Kirche

worden: Gewölbe und Turm wurden 1555 entfernt, um Steine für den Neubau der Weidenhäuser Lahnbrücke zu gewinnen. Auf das steinerne Kirchenschiff wurde ein Fachwerkobergeschoss gesetzt. Das Gebäude diente u. a. als Zunfthaus der Schuhmacher sowie als Speicher und wird heute als Wohn- und Geschäftshaus genutzt.

überwiegend um Fachwerkhäuser der Frühneuzeit, zum Teil auch des Spätmittelalters. Sie waren fast alle bis ins 20. Jahrhundert verputzt. Erst danach ist der Verputz bei den meisten von ihnen, oft im Zuge von Sanierungsmaßnahmen, entfernt worden. Daneben finden sich auch neuere Häuser: So Markt 11, errichtet 1884 in ausgemauertem, stets unverputztem historistischem Fachwerk, dem man häufig in der Altstadt begegnet.

Der Marktbrunnen mit einer Sandsteinsäule, die eine Figur des hl. Georg trägt, ersetzte 1951 einen aus dem Jahr 1861 stammenden, in neugotischem Stile gehaltenen Vorgänger.

Schließlich erinnert seit 1989 neben dem Rathaus am Aufgang vom Hirschberg ein Denkmal an die Landgräfin Sophie, Tochter der hl. Elisabeth (vgl. S. 16).

Vermutlich schon vor 1200 ist im Westen der noch jungen Stadt mit der Errichtung einer weiteren Kirche begonnen worden. 1227 erlangte Marburg eine eigene Pfarrei, und deren Kirche

Die zweite große gotische Kirche: Stadtpfarrkirche St. Marien

che Anfänge auf ca. 1370 zurückgehen. Der Rundturm an der Südostecke des steinernen Erdgeschosses dürfte ein Überbleibsel der ersten Marburger Stadtmauer sein. Bei dem mächtigen Steinbau östlich der Stadtpfarrkirche handelt es sich um den vielfach umgebauten Kerner (= mittelalterliches Beinhaus), der kurz nach dem Stadtbrand von 1319 errichtet wurde. Seitdem

diente seitdem als Stadtpfarrkirche St. Marien. Etwa zwischen 1318 und 1395 wurde das romanische Gotteshaus wesentlich erweitert und zu einer hochgotischen, dreischiffigen Hallenkirche umgebaut. Der für das Stadtbild charakteristische Westturm mit seiner schiefen Haube entstand zwischen 1447 und 1473. Damals erfuhren auch die Seitenschiffe eine Verlängerung. Die Grabmale der Landgrafen Ludwig IV. von Hessen-Marburg (gest. 1604) und seiner Gemahlin Hedwig von Württemberg (gest. 1590) sowie Ludwig V. von Hessen-Darmstadt (gest. 1626) und seiner Frau Magdalena von Brandenburg (gest. 1616) legen Zeugnis ab von der zeitweiligen Residenzfunktion der Stadt und dem hohen Rang der Kirche. Ursprünglich lag vor der Kirche der städtische Friedhof. Aus hygienischen Gründen trat an seine Stelle im 18. Jahrhundert ein neuer Friedhof westlich des Barfüßertores. Westlich neben der Stadtpfarrkirche befindet sich der Pfarrhof, dessen bauli-

Durchblick zur Schlosskapelle zwischen Pfarrhof und Stadtpfarrkirche

erfolgten mehrfache Erweiterungen und Umbauten im Kontext mit verschiedenen Nutzungen (Rathaus, Zeughaus, Pfarrwohnung).

Drei Klöster beherbergte die mittelalterliche Stadt und alle haben bis heute unübersehbare Spuren hinterlassen:

Auf der Südostecke der Stadtbefestigung auf einem steilen Felsen über der Lahn nahe dem Lahntor ließen sich 1291 die

Dominikaner nieder. Das Kloster wurde 1527 im Zuge der Reformation aufgehoben, die Gebäude gingen in den Besitz der neugegründeten Universität über. Mit Ausnahme der Klosterkirche sind sie 1872 abgebrochen worden zugunsten eines repräsentativen Neubaus in neogotischem Stil, konzipiert vom damaligen Universitätsbaumeister CARL SCHÄFER (1844-1908). Die Innenwände der 1887 bis 1891 entstandenen Aula schmücken Darstellungen der Marburger Stadtgeschichte, nach neunjähriger Arbeit 1903 von dem Düsseldorfer Maler PETER JANSSON (1844-1908) der Öffentlichkeit präsentiert. Heute nutzt der Fachbereich Evangelische Theologie die »Alte Universität«. Die Kirche des ehemaligen Dominikanerklosters ging mit dem Kloster 1527 in universitären Besitz über und diente zeitweise als Speicher. Nach dem Dreißigjährigen Krieg wurde sie zur Kirche der reformierten Gemeinde. Als Gotteshaus eines Bettelordens trägt sie keinen Turm sondern nur einen Dachreiter. Geldmangel dürfte dazu geführt haben, dass der (ältere) Chor das (jüngere) Kirchenschiff überragt. Die ursprüngliche Ausstattung fiel weitgehend der Reformation zum Opfer, prägend sind heute barocke und moderne Stilelemente.

1234 wurde westlich der damaligen Stadtgrenze das Franziskaner-(Barfüßer-)Kloster gegründet als neue Niederlassung dieses Ordens, nachdem das Hospital bei der gerade entstehenden Elisabethkirche dem Deutschen Orden überlassen werden musste. Auch das Franziskanerkloster ging 1527 in die Hände der Universität über. Die Klosterkirche fiel 1730 dem Abbruch anheim, auf ihrem Areal ließ die Universität in den folgenden Jahren eine Reithalle bauen. Diese nutzt heute das Institut für Leibesübungen der Universität (Am Plan, Inn.).

Im 14. Jahrhundert als Kongregation von Klerikern und Laien

Blick über die Weidenhäuser Brücke zur Alten Universität mit (rechts) Universitätskirche

gegründet, ließen sich 1491 die »Brüder vom Gemeinsamen Leben«, nach ihrer Kopfbedeckung ('Gugel') als »Kugelherren« bezeichnet, am Westrand der Stadt in der nach ihnen benannten *Kugelgasse* [C3, Inn.] ein Bruderhaus errichten. Schon 1478 war mit dem Bau einer einschiffigen Kirche begonnen worden. 1527 wurde auch hier die Universität Eigentümer. Während das Kugelhaus bis heute ein Institut beherbergt, wurde die Kugelkirche seit dem späten 17. Jh. von Hugenotten genutzt und dient seit 1827 als katholi-

Der Arnsburger Hof in der Barfüßerstraße

sche Pfarrkirche. Aus der Bauzeit beeindrucken neben Gewölbemalereien vor allem das spätgotische Sakramentstabernakel.

Überreste einer mittelalterlichen Synagoge wurden am oberen *Markt* in den Jahren 1993-95 ergraben. Bezeichnenderweise trug der daneben verlaufende heutige *Schloßsteig* bis 1933 den Namen »Judengasse«. Über der Grabungsstelle steht seit 2001 ein Glaskubus. Er stellt in vereinfachter Form das Bauvolumen der einstigen Synagoge dar.

In romanisch-byzantinischem Mischstil errichtete die jüdische Gemeinde in Marburg im späten 19. Jahrhundert am Fuß der Oberstadt in der *Universitätsstraße* eine neue Synagoge [C4/D4]. Sie fiel den Judenpogromen im November 1938 zum Opfer. Ein Gedenkstein in der als Grünanlage gestalteten Baulücke erinnert seit 1963 daran, dass auch Marburg und Marburger Bürger (durchaus aktiv) an der Judenverfolgung im 3. Reich mitwirkten.

Stein- und Fachwerkhäuser

Charakteristisch für die Bebauung in der Oberstadt ist die Dominanz von Fachwerkhäusern. Steinhäuser bildeten aus Kostengründen bis weit ins 19. Jahrhundert die Ausnahme bei Profanbauten und entstanden überwiegend als öffentliche Gebäude. Später füllten Steinbauten vor allem durch Abbrüche entstandene Baulücken.

Neben den bereits genannten historischen Steinbauten sind daher nur wenige weitere zu

*Hirschberg 13, das 'älteste' Fach-
werkhaus der Stadt*

nennen, auch besitzen sie häufig
Fachwerkobergeschosse.

Zu den ältesten Häusern Marburgs überhaupt gehört der
Arnsburger Hof [*Barfüßerstraße
3*, C3, Inn.], einst städtischer Sitz
des Zisterzienserklosters Arns-
burg bei Lich, dessen Kern aus
dem 14. Jahrhundert stammt.

Das »Hochzeitshaus« [*Nikolaistraße 3*, Inn.], errichtet 1527-
30, zählt zu den ältesten pri-
vaten Steinhäusern der Stadt
und ist im Auftrage eines reichen Großkaufmannes ent-
standen, das reich verzierte
Portal stammt aus dem Jahr
1740. Ungeklärt ist die
Bezeichnung »Hochzeits-
haus«, hatte das Gebäude
doch nie entsprechende
Funktionen inne.

Die zeitweilige Existenz
einer Landgrafschaft Hes-
sen-Marburg fand baulich
ihren Niederschlag in der
ehemaligen Kanzlei, gelegen
an der Zufahrt zum Schloss
vom Markt, ein stattlicher
Renaissancebau, versehen

mit geschwungenen
Volutengiebeln und in
den Jahren 1573-77
errichtet [Inn.].

Von den Fachwerk-
häusern stammen nur
wenige aus dem Mittel-
alter. Als ältestes Fach-
werkhaus der Stadt und
eines der ältesten über-
haupt gilt das Gebäude
Hirschberg 13 [Inn.].
Dendrochronologische
Untersuchungen erga-
ben ein Baudatum von 1321.
Jedoch stammen weitere Teile
erst aus dem 15. Jahrhundert –
wobei 'stammen' allenfalls
begrenzt zutrifft: De facto handelt es sich um eine 1975-78
erfolgte Rekonstruktion unter
Verwendung noch brauchbarer
Hölzer des Originales.

Mittelalterliches Fachwerk ist
u. a. anzutreffen bei den Häusern *Augustinergasse 1* (Kern-

Die Barfüßerstraße von Westen

bau), *Reitgasse 3* (Hauptgebäude), *Schlosstreppe 1, Mainzer Gasse 32-34* [lnn.].

Prägend für die Oberstadt sind Fachwerkkonstruktionen des 16-18. Jahrhunderts, auch diese, wie schon bei der Beschreibung des Marktplatzes erwähnt, zwischenzeitlich häufig verputzt. In der zweiten Hälfte des 19. Jahrhunderts fand mit dem Historismus eine Besinnung auf die optische Schönheit des Fachwerkes statt. Davon legen diverse Fachwerkbauten der damaligen Zeit, die an die Stelle älterer Gebäude traten, Zeugnis ab, so in der *Ritterstraße 3* (erbaut 1876-77), *Neustadt 24* (erbaut 1878), *Markt 11* (1884), *Wettergasse 6* (erbaut 1900), *Wettergasse 18* (erbaut 1896), *Steinweg 8* (erbaut 1900) und als ganzes Ensemble die 1893-95 entstandene Häuserreihe *Wettergasse 19/21/23/26/28.* Durchweg weist dieses Fachwerk eine reiche Ornamentik auf.

Schließlich traten seit dem 19. Jahrhundert an die Stelle zahlreicher Fachwerkbauten Steinkonstruktionen. Ein frühes Bei-

In der Wettergasse

spiel bildet das Haus *Barfüßerstraße 19.* In anderen Fällen entstanden mit repräsentativen Fassaden versehene stattliche Gebäude, stilistisch dem Historismus verpflichtet, so *Steinweg 2½/ 3 ½* (erbaut 1891) oder das Wohn- und Geschäftshaus *Marktgasse 18-20* (erbaut 1905).

Herber Kritik wegen mangelnder Einfügung in das historische Stadtbild begegneten einige Neubauten wenige Jahre vor dem Beginn der Stadtsanierung, darunter die – wegen ihrer anfänglichen Farbgebung so bezeichneten – »Papageienhäuser« am Übergang zwischen *Reit-* und *Wettergasse,* an deren Stelle sich zuvor »Bopps Terrasse« befand.

Neubauten während der Stadtsanierung seit 1972 sahen sich strengen Anforderungen hinsichtlich der Einpassung in die vorhandene Bausubstanz ausgesetzt. Insbesondere galt dies hinsichtlich der Größenproportionen. Ein nicht unumstrittenes Beispiel dafür findet sich in der *Barfüßerstraße 7,* errichtet 1983/84.

Nordstadt mit Elisabethkirche & Ketzerbach

Aus stadthistorischer Sicht handelt es sich um ein Gebiet mit höchst verschiedenen Wurzeln.

Ausgangspunkt bildete das Hospital der hl. Elisabeth, an dessen Stelle bald nach ihrem Tod die Elisabethkirche und der Deutschordensbezirk, übrigens wieder mit einem Hospital, traten. Die nahezu gleichzeitige Entwicklung der Vorstadt Ketzerbach dürfte wesentlich auf der Nachbarschaft zur Wallfahrtskirche beruht haben. Im Gegensatz dazu entstand die weitere Nordstadt erst seit 1850 (Bahnbau, vgl. S. 39) und der einstige Deutschordensbezirk ist praktisch vollständig in ihr aufgegangen.

Die Elisabethkirche, 1235 – am Chor – begonnen und zur Weihe 1283 schon weitgehend (Westwerk) vollendet, gilt als erste rein gotische Kirche Deutschlands. Sie trug, wie andere nach ihrem Vorbild gestaltete Kirchen in der Umgebung Marburgs (Wetter, Frankenberg/Eder) zeigen, dazu bei, den neuen Baustil aus dem Westen Europas ostwärts des Rheines zu verbreiten. Vorbilder gaben wahrscheinlich die Kathedralen von Reims und Amiens ab. Parallelen zu weiteren gotischen Kirchen Frankreichs lassen sich feststellen.

Der dreifach, gleich einem Kleeblatt, angelegte Chor (Dreikonchenchor) betont die Rolle des Gotteshauses als Grabeskirche (Hauptchor = Grab Christi, Elisabethchor als Grab einer Heiligen und Landgrafenchor als fürstliche Grablege). Das Haupthaus ist als dreischiffige Hallenkirche gestaltet, weist sechs Joche auf, hinzu kommt ein weiteres Joch für die Turmhalle.

Die Fertigstellung der beiden Türme zog sich bis ins frühe 14. Jahrhundert hin. Reste spätgotischer Wandmalereien finden sich noch im Chorbereich. Herausragend sind die Glasmalereien an den Fenstern des Hauptchores, teils aus der Mitte des 13., teils aus dem 14. Jahrhundert. Dargestellt werden u. a. Szenen aus dem Wirken der hl. Elisabeth. Den Chor als ursprünglichen Bereich der

Ansicht der Elisabethkirche von Südosten mit Süd- und Ostchor

Ordensmitglieder und das den Laien vorbehaltene Haupthaus trennt der 1343 errichtete Lettner voneinander. Sein ursprünglich reicher Figurenschmuck fiel 1619 dem Bildersturm der Reformierten zum Opfer. Der Nordchor enthält das Grabmal der hl. Elisabeth. In der Sakristei zwischen Nord- und Ostchor befindet sich der 'goldene' Schrein, der bis zur Reformation der Aufbewahrung der Gebeine der Heiligen diente. Das Bild des Südchores bestimmen die Grabmäler zahlreicher Landgrafen, beginnend mit Konrad von Thüringen, einem Schwager der hl. Elisabeth und Initiator des Baues der Elisabethkirche. Im Hauptchor befindet sich der Hochaltar, geweiht 1290. In Sandstein ist die hochgotische Portalfront des Straßburger Münsters nachgebildet.

Im Langhaus sind weitere spätgotische Altäre und Ausstattungselemente vorhanden.

Politisch unterschiedlich beurteilt wird die 1946 eingerichtete Begräbnisstätte unter dem Nordturm für den Generalfeldmarschall und späteren Reichspräsidenten Hindenburg (1847 – 1934) sowie seine Ehefrau. Bis Januar 1945 befanden sich die Särge beider im Tannenbergdenkmal in Ostpreußen und konnten von dort nur mit Mühe gerettet werden.

Die Elisabethkirche entstand an der Stelle einer nur kurzlebigen Hospitalkirche, der Franziskanerkapelle. Deren Grundriss, soweit auf ihm nicht heute die Elisabethkirche steht, ist nördlich des Nordchores im Pflaster durch dunklere Steine markiert.

In unmittelbarer Nachbarschaft der Elisabethkirche

befanden sich ursprünglich zwei Kapellen. Noch vorhanden ist das 1270 dem Erzengel Michael geweichte »Michelchen«. Es diente ursprünglich als Friedhofskapelle des Elisabethhospitals und für in Marburg verstorbene Wallfahrer. Die Kapelle liegt sehr reizvoll westlich der Elisabethstraße auf halber Höhe am Abhang der Kirchspitze. Dagegen blieb von der Kapelle des Elisabethhospitals am *Pilgrimstein,* die seit 1235 die erste, noch von der hl. Elisabeth begründete Hospitalskapelle ersetzte, nach dem Abbruch des alten Hospitales, das 1809 zur Universitätsklinik wurde, nur der Chor übrig. Der Rest ist vor 1890 abgebrochen worden. Damit wurde seinerzeit Platz geschaffen für das Physiologische Institut (errichtet 1885-1888) in bewusst an den Stil der Elisabethkirche angelehnter Neogotik.

Chor der einstigen Hospitalkapelle

»Deutschen Haus«, das seit 1977 den Fachbereich Geographie der Universität beherbergt, handelt es sich um ein Gebäude, dessen außerordentlich verwickelte Baugeschichte bis 1234 zurückreicht. Teile des Komplexes dienten den Ordensbrüdern als Wohnung. Auch residierte hier – freilich in unterschiedlichen Trakten – der Vorsteher (= Kom-

1809 wurde der Deutsche Ritterorden aufgelöst, seine Besitzungen gingen in Staatseigentum über und sind in Marburg bald darauf weitgehend geschlossen verkauft worden. An diese noch lange ausgedehnten Anlagen östlich der Elisabethkirche erinnern heute vor allem zwei Gebäude, beide in unmittelbarer Nachbarschaft der Kirche: Beim

Das »Deutsche Haus« – die ehemalige Komturswohnung

tur) der Marburger Ordensniederlassung. Als einziges der früher zahlreichen Wirtschaftsge-
bäude des Ordens überdauerte
der ehemalige Fruchtspeicher,
zugleich Backhaus, von 1515 die
Jahrhunderte. Heute befindet
sich darin das Mineralogische
Museum.

Der Vorort Ketzerbach [C2, Inn.],
räumlich nahezu identisch mit
der heutigen Straße gleichen
Namens, trägt seine Bezeichnung nach dem »Kezirbach«,
dem unteren Abschnitt des Mar-
baches, in dessen Tal sich die
Siedlung befindet. Angelegt
wurde die Vorstadt vermutlich
vom Deutschen Orden, eine
erste schriftliche Erwähnung
datiert aus dem Jahr 1349. Zwischen den beiden Häuserreihen
fanden im Mittelalter größere
Märkte und Turniere statt. Im
18./19. Jahrhundert reihten sich
hier zahlreiche Töpferwerkstät-
ten aneinander. Ihre heutige
Gestaltung erhielt die Ketzerbach weitgehend in der ersten
Hälfte des 19. Jahrhunderts:
Nach der Festlegung neuer Bau-
fluchtlinien 1823 und 1836 sind
beide Häuserzeilen neu gestaltet worden, vor allem auf der
nördlichen Seite entstanden
Neubauten in klassizistischem
Stil. Unter ihnen ragt besonders
das Gebäude der Stadtbücherei
hervor [*Ketzerbach 1* – Inn.], das
sich nicht in die Baufluchtlinie
einordnet. 1835/36 als Gasthaus
errichtet, beherbergt das stattliche Haus, das 1987 saniert
wurde, heute neben der Stadtbücherei eine Gaststätte.Das Ab-

weichen von der Fluchtlinie
wurde dem Bauherrn seinerzeit
gestattet, da er im Gegenzug die
Verbreiterung des unteren
Steinweges durch ein Zurück-
setzen des Hauses ermöglichte.
Der Bachlauf der Ketzerbach
wurde zunächst (1824) reguliert
und bis 1859 überwölbt, wo-
durch sich die Ketzerbach nun
als breite Promenade präsentier-
te. Die früher als Grünanlage
gestaltete Mitte nehmen heute
Parkplätze ein. Abschluss der
Ketzerbach nach Westen bildet
die 1839-42 errichtete, 1902-03
um ein Geschoss erhöhte »Alte
Anatomie« mit Gestaltungs-
merkmalen italienischer Renais-
sancebauten. Die Alte Anatomie
ersetzte das Ende des 18. Jahrhunderts hier auf dem Areal
eines ehemaligen Wirtschaftshofes angelegte Anatomische
Theater, eine der Keimzellen der

Die »Alte Anatomie« – oberer
Abschluss der Ketzerbach

Universitätskliniken. Heute
sind pharmazeutische Institute
in der Alten Anatomie untergebracht.

In den ersten Jahrzehnten des
19. Jahrhunderts bekam der
Bereich unmittelbar westlich
der Elisabethkirche, die *Elisa-*

bethstraße, den gegenwärtig anzutreffenden Zuschnitt und zum Teil auch die heutige Bebauung.

Davon abgesehen begann die Entwicklung des Nordviertels erst mit der Fertigstellung der Main-Weser-Bahn von Kassel zunächst bis Marburg. Nördlich der damaligen Bebauung und jenseits der Lahn wurde 1850 der Bahnhof [D1] angelegt. Anlass für diese aus städtebaulicher Sicht anfangs ungünstige Platzierung gaben die Flächen- und Grundwasserverhältnisse. Die Bahnlinie, die sogenannte Main-Weser-Bahn von Kassel nach Frankfurt, bis heute eine der wichtigsten deutschen Nord-Süd-Linien, wurde 1850 zwischen Kassel und Gießen, 1852 auf dem Restabschnitt Gießen - Frankfurt fertiggestellt.

1909 erhielt der Bahnhof im Zuge einer Erweiterung ein neues Empfangsgebäude, entworfen von dem Architekten ALOIS HOLTMEYER, der damals zahlreiche Empfangsgebäude im Bezirk der Eisenbahndirektion Kassel konzipierte. Während Holtmeyer jedoch ansonsten eher dem Heimatstil verpflichtet war, wählte er hier historisierende Elemente und gestaltete das Empfangsgebäude als repräsentativen Abschluss der Bahnhofstraße mit schlossartigen Stilelementen.

Hiermit und mit dem zügigen Ausbau der medizinischen Einrichtungen der Universität seit 1866 entwickelte sich das Nordviertel rasch zu einem durch Kliniken und dazu gehörige Betrie-

Immer noch repräsentativ: Die Fassade des Bahnhofes

be (z. B. Wäschereien), Transportgewerbe sowie auch Fachgeschäfte geprägten Stadtviertel.

Bombenangriffe gegen Ende des Zweiten Weltkrieges führten zu erheblichen Verlusten der ursprünglichen Bausubstanz, darunter zu schweren Schäden am Empfangsgebäude des Bahnhofes. Bei seinem Wiederaufbau erfolgte ein partieller Verlust auf das Dekor. Die städtebauliche Wirkung als Portal der *Bahnhofstraße* ging verloren, weil 1972/73 auf einer Brücke quer über die Bahnhofstraße die »Stadtautobahn« (vgl. S. 20) geführt wurde [D1].

An charakteristischen öffentlichen Gebäuden für das späte 19. Jahrhundert im Nordviertel sind vor allem zu erwähnen die Hauptpost (*Bahnhofstraße 6,* errichtet 1882-84), das Zentrum für Augenheilkunde (errichtet 1883-87, erheblich umgestaltet beim Wiederaufbau 1947-51) und die Neue Anatomie (1899-1902, beide *Robert-Koch-Straße*). Der überwiegend aus dem Jahr 1895 stammende Klinikskomplex östlich der *Robert-Koch-Str.* [D1, D2] ist nach Vollendung des ersten Teiles des neuen Klinikums auf den Lahnbergen 1984 (vgl. S. 20) zu Behördenstandorten umgestaltet worden.

Schließlich zählt zur Nordstadt auch das ehemalige Areal des Wirtschaftshofes des Deutschen Ordens (vgl. S. 15). Der Hof, seit 1811 in privater Hand, ist im späten 19. Jahrhundert sukzessi-ve abgebrochen worden. Damals entstand die heute anzutreffende Straßenführung. Kurz nach dem Ersten Weltkrieg wurden in unmittelbarer Nachbarschaft der Elisabethkirche, einander gegenüberliegend, die Kinderklinik sowie das Zentrum für Hals-, Nasen- und Ohrenheilkunde gebaut. Beide Komplexe ordnen sich optisch gleichsam der Elisabethkirche unter.

Über die zukünftige Nutzung nach dem für 2006 anstehenden Auszug der medizinischen Einrichtungen ist noch nicht entschieden.

Zwischen Lahn und Oberstadt

Biegenviertel, Alter Botanischer Garten, nördlicher Rudolphsplatz [D2, D3, E1, E2]

Breit gefächert sind Entwicklung, Nutzung und Bausubstanz dieses in der Lahnaue gelegenen und daher nur zögernd besiedelten Bereiches.

Am Fuße des Steilhanges zur Oberstadt, einst schon außerhalb der Stadtummauerung, befindet sich der *Pilgrimstein,* vor 1764 Bulkenstein genannt und einer der vier alten Vororte [D2, D3, Inn.]. Von der Stadt durch die Dominikanerpforte und über die Mühltreppe erreichbar, zählte er stets nur wenige Häuser, darunter die Herrenmühle. Der vorbeiführende Mühlgraben wurde 1969/70 zugunsten einer Verbreiterung der Straße verrohrt und zugeschüttet. Von der Herrenmühle selbst blieb der 1582/83 errichtete Ostflügel erhalten. Der außerdem vorhandene Volutengiebel verband ursprünglich den Ost- mit dem 1908 ausgebrannten, als Elektrizitätswerk aufgebauten und 1978 abgebrochenen Westflügel. Eine Bank residiert jetzt in der ehemaligen Mühle.

Bis heute wird ein großer Teil dieses Stadtbezirks von einem gartenbaulichen Kleinod von besonderer Qualität eingenommen: dem Alten Botanischen Garten. 1811 gelangte eine ca. 4 Hektar große Fläche, die bis 1809 dem Deutschen Orden gehört hatte, im Zusammenhang mit dessen Säkularisierung an die Universität Marburg. Diese konnte einen älteren, 1786 angelegten Botanischen Garten – übrigens schon den zweiten in der Geschichte der Universität – oberhalb der *Ketzerbach* aufgeben. Als Schöpfer des Alten

Der Alte Botanische Garten

Botanischen Gartens gilt der Mediziner und Botaniker GEORG WILHELM FRANZ WENDEROTH (1774 – 1861). Er hatte seit 1811 eine Professorenstelle in Marburg inne und vollbrachte über vierzig Jahre hinweg eine enorme Aufbauleistung gegen erhebliche Widerstände – nicht zuletzt seitens der Universität. Auf ihn geht als Zentrum des in ursprünglich sumpfigem Terrain angelegten Komplexes der von einem Mühlgraben gespeiste Teich zurück. Er friert in vielen Wintern dank seiner vor der Sonne geschützten Lage zu und wird dann als Eislauffläche rege genutzt. Wenderoth und seine Nachfolger schufen eine vielgestaltige Anlage im Stil eines englischen Landschaftsgartens mit einem breiten Spektrum an Pflanzen. Allein über dreihundert Großgehölze sind heute vorhanden. Durch die Eröffnung eines Neuen Botanischen Gartens auf den Lahnbergen im Jahre 1977 – nach vorheriger Verlegung der Biologischen Institute dorthin – hat zwar der Alte Botanische Garten Teile seiner traditionellen Funktionen als Lehrgarten eingebüßt. Aber dank seiner reichen Flora, darunter einem in dieser Zusammensetzung einzigartigen Baumbestand, stellt er ein Kulturdenkmal von hohem Rang dar und bildet zugleich einen wesentlichen Teil der »Grünen Lunge« der Stadt.

Nach vorheriger Begrenzung des Hochwasserbereiches der Lahn durch Deiche ist in den letzten Jahren des 19. Jahrhunderts das Biegenviertel [D2, D3], zuvor feuchtes Wiesenland, erschlossen worden. Nahezu am

Später Historismus: Ecke Biegenstraße / Savignystraße

Anfang standen zwei Schulen, zunächst 1899 die Oberrealschule, heute Gymnasium und wenige Jahre später die Bürgerschule Nord, die heute als Hauptund Realschule dient. Binnen weniger Jahre entstand eine geschlossene mehrgeschossige Wohnbebauung, teils noch in historisierendem Stil, teils schon dem Jugendstil verpflichtet.

1924-1927 wurde auf der Freifläche neben der Oberrealschule das der Moderne zuzuordnende »Ernst-von-Hülsen-Haus« [D3, Inn.] als Standort des Universitätsmuseums sowie kulturwissenschaftlicher Institute errichtet, eine vierflügelige Anlage mit tiefer liegendem Innenhof. Bewusst fanden regionale Baustoffe Verwendung, so dass sich der Komplex in die zum Teil nahe gelegene ältere Bebauung einfügt. Neben dem Universitätsmuseum sind weitere universitäre Institute (Vor- und Frühgeschichte, Kunstgeschichte, Bild-Archiv Foto-Marburg) untergebracht. Freilich wird die unmittelbare Umgebung des Universitätsmuseums beidseits der Biegenstraße durch vier zwischen 1959 und 1969 errichtete, der „Betonarchitektur" zuzuordnende Gebäude geprägt: Universitätsverwaltung und Auditoriengebäude ('Audimax') sowie die katholische Kirche St. Peter und Paul auf der Westseite und die Stadthalle [Inn.] – als »Erwin-

Schlichte Würde: Ernst-von-Hülsen-Haus

Piscator-Haus« bezeichnet nach dem aus Marburg stammenden, politisch links orientierten Regisseur (1893-1966) – auf der Ostseite.

Marburgs „Neue Mitte"

[D3, Inn.] Im Bereich südliche *Biegenstraße*/nördlicher *Rudolphsplatz* hatte sich seit dem späten 19. Jahrhundert eine sehr differenzierte Nutzung entwickelt: Seit 1884 befand sich zur Lahn hin der Schlachthof, südlich davon, der Herrenmühle benachbart, seit 1927 das von privater Hand gestiftete 'Luisabad', ein für die Masse der Nutzer optimal gelegenes Hallenbad. Gegenüber dem Schlachthof war im späten 19. und frühen 20. Jahrhundert eine Mischbebauung aus Wohn- und Gewerbebauten entstanden. 1973 ist der Schlachthof verlegt und seine Gebäude sind bis auf eine Außenmauer abgebrochen worden, das Gelände diente als Parkplatz. In den sechziger Jahren begannen Planungen, ausgehend vom Schlachthofgelände eine weitere Lahnbrücke in Richtung des

1967-1974 erbauten ersten Abschnittes der »Stadtautobahn« zu führen. Die Diskussionen und Auseinandersetzungen über die neue Nutzung des »Schlachthofgeländes« und seiner unmittelbaren Umgebung zogen sich über fast ein Vierteljahrhundert hin. Sie mündeten seit den frühen neunziger Jahren in die Schaffung von Marburgs »Neuer Mitte«, deren Ausgestaltung mit einem seit dem Herbst 2004 im Bau begriffenen Bankgebäude zum Abschluss gelangen wird. Das dringend sanierungsbedürftige Luisabad fiel diesen Konzeptio-

Gerhard-Jahn-Platz

43

nen zum Opfer und ist, mit einigen anderen Häusern, in den neunziger Jahren trotz heftigen Widerstandes der Bevölkerung abgebrochen worden.

Das neu entstandene Ensemble setzt sich im Wesentlichen aus folgenden Elementen zusammen:

– Dem schon 1987-89 angelegten Oberstadtaufzug als neuer und komfortabler Verbindung zwischen hoch gelegener Alt-

stadt und 'Neuer Mitte',

– dem Lahncenter, einem eher zurückhaltend wirkendem Gebäudekomplex, der neben einer Ladenpassage Büros, Wohnungen und ein Hotel enthält sowie

– zwischen Biegenstraße und Lahn gelegen und beiden zugewandt, einige Wohn- und Geschäftshäuser sowie ein Großkino mit seitlich angefügter Kunsthalle.

Auch eine neue Brücke über die Lahn wurde geschlagen, aber es blieb bei einer elegant wirkenden Hängebrücke ausschließlich für Fußgänger und Radfahrer.

Weidenhausen

[Inn., D4] Die Anfänge dieser jenseits der Lahn gelegenen Brückenvorstadt lassen sich ins 13. Jahrhundert zurück verfolgen. Ihr wirtschaftliches Leben ist lange und in hohem Maße durch die Leineweber und Lohgerber geprägt worden – Namen und Reste der »Lohmühle« legen davon bis heute Zeugnis ab. Spätestens 1250 existierte bereits eine Brücke über die Lahn, lange Zeit einziger fester Lahnübergang für einen längeren Talabschnitt. Die Bebauung der zentralen Achse Weidenhausens, der »Weidenhäuser Straße«,

rührt mit wenigen Ausnahmen aus der frühen Neuzeit, einige Neubauten in historistischem Stil sind unter Wahrung der Dimensionen um 1900 an Stelle abgebrochener Häuser eingefügt worden. Am westlichen Eingang Weidenhausens stößt man rechter Hand auf das ehemalige St. Jacobs-Hospital, errichtet 1570 auf Weisung des Landgrafen Ludwig IV. von Hessen-Marburg als Ersatz für eine Pilgerherberge aus dem 14. Jahrhundert. Das repräsentativ gestaltete Haus dient heute als Altenheim und befindet sich im

*In der Weiden-
häuser Straße*

Besitz einer Stiftung.

Der östliche Ausgang Weidenhausens ist durch die ʻStadtautobahnʼ deformiert worden.
Einige Häuser waren abzubre-
chen, darunter das klassizisti-
sche Torhaus des Weidenhäuser
Zolltores. Die zur gleichfalls
abgerissenen »Alten Sieche«
gehörige Kapelle »St. Jost«,
deren Wurzeln ins Jahr 1330
zurückgehen, befindet sich nun
jenseits der ʻStadtautobahnʼ und
ist über eine Fußgängerbrücke
von Weidenhausen erreichbar.
Immerhin blieb der ehemaligen
Vorstadt der noch in den sechziger Jahren des vorigen Jahrhunderts vorgesehene weitgehende
Abbruch erspart und sie wurde
stattdessen in das Stadtsanie-
rungsprogramm einbezogen.
Dadurch hat sich Weidenhausen als beliebtes Wohnviertel
regeneriert, jedoch trat in den
letzten Jahren ein erheblicher
Niedergang des Einzelhandels
ein.

Bis in die fünfziger Jahre des
zwanzigsten Jahrhunderts
umgaben mehrere wasserfüh-
rende Gräben und Bäche Weidenhausen. Erst nach deren
Zuschüttung konnte in nennens-
wertem Umfang Bebauung im
Anschluss an die mittelalterliche Besiedlung stattfinden.
Jüngstes Beispiel dafür ist die
1990-97 errichtete Kleinsied-
lung »Weidenhausen Süd«, bei
deren Strukturierung sorgfältig
Rücksicht auf den benachbarten
Altstadtteil genommen wurde,
so dass u. a. die Klein- und Hof-
gärten des alten Weidenhausen
erhalten blieben.

Südviertel

Darunter wird in Marburg der Bereich zwischen der Lahn und dem Südrand der Altstadt verstanden, im Westen begrenzt durch die Schwanallee. Damit ergibt sich ein ungleichseitiges Dreieck.

Vorort »Am Grün« [D4]
Der älteste Teil auch dieses Vorortes lässt sich schon im späten Mittelalter nachweisen. Sein Name leitet sich von dem kiesigen Untergrund (= 'Griende') ab. Ein Teil der Bewohner der nur eine Straße umfassenden Siedlung wird wohl seinen Lebensunterhalt aus der Arbeit auf dem Fronhof (vgl. S. 13) vor dem Lahntor bezogen haben, der andere aus 'wasserorientierten' Tätigkeiten an der Lahn. Zum Vorort Am Grün zählt auch eine Mühle.

In den Vorort mündet von Süden die alleeartige »Frankfurter Straße« und setzt sich als Straße »Am Grün« zwischen der Häuserzeile, ursprünglich stärker gewunden und zum Teil enger als heute, bis zum Lahntor fort. Die historische Grenze der städtischen Bebauung markiert bis in die Gegenwart das ehemalige Zollhaus »Grüner Thor« (Am Grün 32), errichtet 1832 beim wenige Jahre später abgebrochenen gleichnamigen Zolltor.

An den einstigen Fronhof erinnert die Bezeichnung des markanten Eckgebäudes Am Grün/Universitätsstraße, das 1899/1900 in ausgeprägt historistischem Stil errichtet wurde.

Die ehemaligen Kasernen
[C4, C5] Noch in der Mitte des 19. Jahrhunderts handelte es sich beim überwiegenden Areal des heutigen Südviertels um feuchtes Gartenland. Die Erschließung als Siedlungsfläche setzte unmittelbar nach der Eingliederung Kurhessens in Preußen ein und nahm ihren Anfang mit der

Ehemaliges Zollhaus am Grüner Tor

»Alten Jägerkaserne« [*Gutenbergstraße 18,* C4]. Der 1867-1869 errichtete, ursprünglich dreiflügelige Bau, der sich zur Stadt hin öffnete, beherbergte zunächst ein Jägerbataillon. Die Kasernenanlagen sind später nachhaltig vergrößert worden: Gegenüber der Alten Jägerkaserne entstand in historisierendem Stil 1896/97 eine 'Offizier-Speiseanstalt' [*Frankfurter Straße 6,* C4], es folgten in unmittelbarer Nachbarschaft einige weitere Blöcke kurz vor dem Ersten Weltkrieg. Im Zuge der Aufrüs-

tung nach 1935 wurde binnen weniger Jahre ostwärts der Frankfurter Straße unter Einbeziehung der schon vorhandenen Militärgebäude ein großer Kasernenkomplex (= Große Jägerkaserne) in dem für die Zeit typischen schlichten Stil geschaffen. Komplettiert wurden die Kasernen im Lahntal durch einen weiteren Block sowie Ställe und Garagen (= Kleine Jägerkaserne) auf der gegenüberliegenden Straßenseite. Die Alte Jägerkaserne ging 1945 in den Besitz der Universität über. Neben einem Wohnheim vor allem für ausländische Studenten ('Collegium Gentium') sind hier heute verschiedene Institute untergebracht. Große und Kleine Jägerkaserne waren bis 1993 von Bundeswehreinheiten belegt und wurden danach größtenteils zu Wohnzwecken 'konversiert'. Inmitten der Großen Jägerkaserne wurde ein siebenetagiger Büroturm errichtet in

der – bis heute unerfüllten – Hoffnung auf eine lukrative Vermarktung an Betriebe vor allem der EDV-Branche. Die Fahrzeughallen in der Kleinen Jägerkaserne sind abgebrochen worden. Gruppiert um einen weiträumigen Innenhof wurden 1996-1998 drei- bis viergeschossige Wohngebäude, zum Teil als Reihenhäuser, gebaut.

Das 'eigentliche' Südviertel
[B4, B5, C4, C5] Entwürfe für die zukünftige Straßenführung sind unmittelbar nach dem Anschluss Kurhessens an Preußen in der Hoffnung auf staatliche Investitionen aufgestellt worden, unterlagen jedoch zum Teil Modifizierungen (vgl. S. 19). Wegen des hohen Grundwasserstandes wurden die Straßen auf neu aufzuschüttenden Dämmen angelegt, die Gärten innerhalb der Baublöcke liegen durchweg tiefer. 1894 ist mit der Anlage des Bückingsdammes die im Bereich nahe der Lahn unverzichtbare Sicherung gegen Hochwässer geschaffen worden, feuchte Keller stellen freilich bis heute ein Problem im Südviertel dar.

Die Bebauung schritt im Wesentlichen von Norden nach Süden voran und zog sich über Jahrzehnte hin, einzelne Baulücken sind erst in den letzten Jahren geschlossen worden. Blockrandbebauung mit schmalen Vorgärten dominiert, die mehretagigen Wohnhäuser sind repräsentativ gestaltet. Bei einigen der ältesten Häuser handelt es sich noch um verputzte Fachwerkbauten, später wurde nahe-

Auf dem Areal der ehemaligen Großen Jägerkaserne

Jugendstildekor in der Liebig-straße

zu ausschließlich Stein als Baumaterial verwandt. Die zeitüblichen Baustile – zunächst Historismus, später Jugendstil – sind vertreten.

Mehrere Gebäude heben sich aus diesem Grundmuster architektonisch und/oder funktional heraus:

– Den fünfeckigen, 1886/87

Friedrichsplatz, im Hintergrund das Staatsarchiv

projektierten und um die Jahrhundertwende weitgehend umbauten *Friedrichsplatz* [C5], benannt nach dem nur 99 Tage im Jahr 1888 regierenden Kaiser Friedrich III, säumt an der Nordseite das Hessische Staatsarchiv. Es handelt sich um eine monumentale, schlichte vierflügelige Anlage mit Innenhof aus den Jahren 1935-38. Sie nimmt die Fläche eines Baublockes ein. Ein von dorischen Säulen getragener Altan über dem dem Friedrichsplatz zugewandten Haupteingang sowie Hakenkreuzmosaike an der Decke des zentralen Treppenhauses zeugen davon, dass beim Bau des schon länger geplanten Staatsarchivs stilistische Konzessionen an den Geschmack der neuen Machthaber erfolgten. Der Zugriff der braunen Herrschaft fand seinen weiteren Niederschlag darin, dass der Friedrichsplatz von 1933 bis 1945 den Namen »Adolf-Hitler-Platz« trug.

– 1930/31 ließ die Allgemeine Ortskrankenkasse in der *Liebigstraße 21a* [C4] ein Verwaltungsgebäude in expressionistischem Stil errichten. Inzwischen ging das Bauwerk in die Hände der Jüdischen Gemeinde als zukünftiges Gemeindezentrum über.

– Ein durchaus umstrittenes optisches Wahrzeichen von Marburg entstand 1971-73 in Gestalt des sog. 'Affenfelsens' [*Gisselbergerstraße 2*, B5, C5]. Die dreizehnetagige Wohnanlage in Stahlbetonbauweise wurde am Standort des wegen angeblicher Baufälligkeit abgebrochenen barocken Gasthofes 'Zum Schützenpfuhl'

Blick zum Südviertel von der Gisselberger Straße – rechts der 'Affenfelsen'

errichtet und sorgt für erhebliche Verschattung nahegelegener Grundstücke.

Schließlich weist die Universitätsstraße insbesondere in ihrem östlichen Teil [C4] eine recht vielfältige Bebauungsstruktur auf. Von der ersten Bebauung blieben vor allem erhalten:

– 1892-94 ließ die Justizverwaltung in neogotischem Stil ein Amtsgericht bauen [*Universitätsstraße 24*, C4], das heute Teile des Fachbereiches Wirtschaftswissenschaften beherbergt. Fast zeitgleich entstand 1891-94 – allerdings rückwärts in der *Wilhelmstraße* [C4] gelegen – ein sehr schlicht gehaltenes Gerichtsgefängnis in Backsteinbauweise. Nach jahrzehntelangem Teilleerstand ist 2003 der Zellentrakt abgebrochen worden, der Verwaltungsbereich wurde zum Wohnhaus umgebaut und auf dem freigewordenen Areal entstand weitere Wohnbebauung.

– Die ehemalige Universitätsbibliothek [*Universitätsstraße 25*, C4], erbaut 1897-1900 als historisierender Backsteinbau und von ihrem Aufbau her eine der ersten 'modernen' Bibliotheken mit einer klaren Trennung von Magazin und Nutzerbereich. Heute sind hier wirtschaftswissenschaftliche Institute untergebracht, die traditionelle Bibliotheksnutzung, nun auf die Institute beschränkt, ist weiterhin anzutreffen.

– Optisch bestimmend für den Kreuzungsbereich *Universitätsstraße/Gutenbergstraße* [C4] sind Geschäfts- und Bürobauten der sechziger und frühen siebziger Jahre, die zwar in den neunziger Jahren zum Teil eine Neugestaltung der Fassaden erfuhren, aber dennoch in recht hartem Kontrast zur älteren Bausubstanz stehen.

– Die neue, 1896 erbaute Synagoge fiel den Judenpogromen des 9. November 1938 zum Opfer. Ihr Standort blieb als Grünanlage unbebaut, ein Gedenkstein erinnert seit 1963 an die Synagoge [Inn., C4, D4].

– Gewissermaßen als Erweiterung der wenige Jahre zuvor erbauten »Alten Universität« entstand 1915-21 das »Landgrafenhaus«, gedacht als weiteres Unterrichtsgebäude. Dekor fehlt weitgehend, lediglich das Portal weist historisierende Züge auf [*Universitätsstraße 7*, Inn., D4].

Schloss- und Rotenberg

Verbindungshäuser und nobles Wohnen

Der Ausbau der Universität nach 1866 führte zu steigendem Bedarf an Wohnraum für gehobene Ansprüche. Gedeckt wurde er einmal durch die Schaffung attraktiver Mietwohnungen vor allem im Süd- und Biegenviertel, zum anderen aber auch durch den Bau repräsentativer Eigenheime auf der Südseite des Schlossberges und – in dessen Verlängerung – am Rotenberg.

In dieser größtenteils südexponierten Lage entstanden seit dem späten 19. Jahrhundert zahlreiche stattliche Professorenvillen sowie Verbindungshäuser namentlich in den damals neu angelegten bzw. ausgebauten Straßenzügen *Rotenberg, Lutherstraße, Calvinstraße, Sandweg* und *Hainweg* [A4, B4]. Vergleichbare Bebauung findet sich auch – gleichfalls südexponiert – in Hangbereichen nördlich der *Ketzerbach* [C2].

Aus anderen Stadtvierteln

Älterer Bebauung oder gar Baudenkmälern begegnen wir aus naheliegenden Gründen in den neueren Teilen der Stadt selten.

In der *Großseelheimer Straße* steht inmitten von Häusern meist aus den fünfziger und sechziger Jahren des 20. Jahrhunderts auf einer Terrasse der Lahnberge ein Wartturm aus dem 14. Jahrhundert, auch »Pulverturm« genannt [D6]. Zweck des Gebäudes bildete die Überwachung des Zuganges zur Stadt von Südosten her.

Kaum einen Kilometer entfernt liegt die ehemalige Richtstätte der Stadt [F5]. Die letzte öffentliche Hinrichtung am »Rabenstein« fand hier am 14. Oktober 1864 statt. Der Täter hatte eine von ihm geschwängerte Magd aus dem Dorf *Ockershausen* nahe der noch heute stehenden »Mordeiche« am Dammelsberg [A3] erstochen.

Die Hangkante, an der sich die Richtstätte befindet und von der sich reizvolle Blicke auf die Stadt eröffnen, trägt den Namen »Bismarck-Promenade« [D5, E5, F5]. In ihrer Mitte liegt ein kleiner Park mit dem 1904 zum Gedenken an den Reichsgründer errichteten Bismarckturm.

Als erster größerer Siedlungskomplex jenseits der Lahn entstand – neben Weidenhausen und dem Bahnhof – in den Jahren 1872-1876 die »Provinzialirrenanstalt und Psychiatrische Klinik« im freien Feld südöstlich der Stadt. Etwa 30 ha umfasst das parkartig gestaltete Gelände, in dem weitabständig über dreißig Gebäude platziert wurden. Der anfangs gewählte neugotische Stil ist auch bei Erweiterungen zu Beginn des 20. Jahrhunderts beibehalten worden, lediglich die meist in der Peripherie erbauten jüngeren Häuser wurden als schmucklose Zweckbauten angelegt.

Naturwissenschaftliche Institute auf den Lahnbergen

Die Besiedlung des *Ortenber-ges* [E1–E4] östlich oberhalb der Eisenbahn begann in den zwanziger Jahren. Anfangs setzte sich hier die bislang vor allem am Schlossberg sowie nördlich davon an der Kirchspitze anzutreffende Villenbebauung fort, später kamen schlichtere Einfamilienhäuser und sogar Wohnblöcke – meist für Eisenbahner – hinzu.

In den späten fünfziger Jahren fand auch in Marburg die Idee der Campus-Universität Eingang. Das ehrgeizigste Vorhaben bildete die Absicht, die medizinischen Einrichtungen sowie die Naturwissenschaftlichen Institute auf den *Lahnbergen* (vgl. Stadtkarte) anzusiedeln. Das Projekt ist nie in seiner ursprünglich vorgesehenen Form verwirklicht worden, letzte Teilabschnitte – die Kliniken – stehen jetzt erst vor der Vollendung. Entlang einer 1963 eigens dafür angelegten Straße, die im Norden und Süden an die Stadt angebunden ist, ziehen sich nun über mehr als anderthalb Kilometer, zum Teil durch Waldabschnitte voneinander getrennt, Gebäudekomplexe, durchweg in 'Betonarchitektur' hin. Insbesondere die naturwissenschaftlichen Institute auf der Ostseite der Straße haben sich von Anfang an als problembehaftet erwiesen. Lange Fußwege, ein unangenehmes Raumklima, schlechte Isolierung, der Mangel an Orientierungsmöglichkeiten sowie ihr sehr bald schäbiges Äußeres haben ihre Attraktivität begrenzt.

Der Umzug auf 'die Lahnberge' stellte daher bald für viele in der Stadt verbliebene Institute eine Horrorvision dar, und ihm wurde tunlichst entgegen gewirkt. Finanzielle Schwierigkeiten des Staates erleichterten dabei 'Erfolge'. Bei dem dennoch gebauten Klinikum ist das Bemühen um Vermeidung der anfangs begangenen Bausünden unübersehbar – wieweit wirklich eine Wendung zum Besseren eingetreten ist, darüber sind die Meinungen geteilt.

Teil des gleichen Vorhabens – Campus-Universität – stellte die Zusammenfassung der geisteswissenschaftlichen Institute in einem im wesentlichen aus mehreren kubusförmigen Klötzen

*'Historikerturm'-Teil der geistes-
wissenschaftlichen Institute in
der Lahnaue*

bestehenden Gebäudekomplex
im Lahntal zwischen Lahn und
Main-Weser-Bahn gegenüber
der Altstadt dar. Etwa zeitgleich
wurde auch die 'Stadtautobahn'
geplant und realisiert! Ebenso
wie die Anlagen auf den Lahnbergen wies die »Philfak« von
Anfang an erhebliche bauliche
Mängel auf. Dank der Lage neben den Lärmquellen Autobahn
und Eisenbahn gestaltet sich das
Arbeiten hier besonders uner-
freulich. Inzwischen gewinnen
Vorstellungen an Kontur, die
darauf abzielen, die zukünftig
frei werdenden Kliniken im
Lahntal für die Geisteswissen-
schaften zu nutzen. Was dann
mit den mittlerweile schon
maroden 'Türmen' geschieht,
steht dahin.

Das anhaltende Wachstum der
Universität – die Zahl der Studierenden verdoppelte sich zwischen 1946 und 1960 von 3.100

auf über 6.000 – trug entschei-
dend dazu bei, dass Marburg bis
in die frühen sechziger Jahre
unter einem Wohnungsmangel
litt, der weit über das in der jungen Bundesrepublik übliche
Maß hinausging. Einen brauch-
baren Ausweg schien die Anlage
von Großwohnsiedlungen auf
bisherigen Waldarealen am
Westabhang der Lahnberge zu
bieten. 1964 ist die Bebauung
des Richtsberges [vgl. Stadtkarte]
in Angriff genommen worden
und während der nächsten Jahre
entstanden insgesamt drei,
durch Waldstreifen voneinander
geschiedene Siedlungskomplexe.
In zweien von ihnen finden sich
neben Mietwohnungsblöcken in
größerem Umfang auch kleinere
Ein- und Zweifamilienhäuser, im
sog. 'Oberen Richtsberg' dominiert Mietshausbebauung, zum
Teil in Form von Hochhäusern.
Zwar wurde das Ziel der Wohn-
raumbeschaffung erreicht, ca.
10.000 Menschen leben heute
hier. Aber schon 1986 musste die
Siedlung wegen gravierender
städtebaulicher Defizite in ein
Sanierungsprogramm aufgenom-
men werden. Inzwischen weist
die Sanierung spürbare Erfolge
auf. Wegen der für Großwohnsiedlungen unverändert typischen und auch hier zu beobach-
tenden Probleme etwa aufgrund
der ethnisch und von der Sozial-
schichtung her sehr differenzier-
ten Bevölkerung stellt der
»Richtsberg« jedoch auf unab-
sehbare Zeit hin eine anspruchsvolle Herausforderung für die
Marburger Stadtentwicklungs-
politik dar.

Blicke auf die Stadt

So unbequem die Berge oft sein mögen – von ihnen eröffnen sich viele großartige Blicke auf die Stadt. Ohne Anspruch auf Vollständigkeit seien hier nur folgende Aussichten genannt:

– Die bereits genannte *Bismarckpromenade* [D5, E5, F5].

– Höher gelegene Straßen am Ortenberg, insbesondere *An der Schäferbuche* [E1, F1] und *von-Harnack-Straße* [E2].

– *Kaiser-Wilhelm-Turm* nahe *Spiegelslust* [F2]. Als Ausflugsziel und Aussichtspunkt beabsichtigte eine Bürgerinitiative kurz nach dem deutsch-französischen Krieg die Errichtung eines Aussichtsturmes auf den Lahnbergen gegenüber dem Schloss. Wegen konstruktiver Mängel ist der schon weit gediehene Bau am 12. März 1876 bei einem Sturm zusam-

mengebrochen. Der dafür Verantwortliche, der Architekt SCHÄFER ist zwar disziplinar gemaßregelt worden, seinem weiteren jahrzehntelangen Wirken in Marburg tat der Vorfall aber keinen Abbruch! Am 2. September 1890 ist dann der heute noch stehende Kaiser-Wilhelm-Turm unter wesentlicher Anteilnahme des Marburger Verschönerungsvereins eingeweiht worden. Im Turm ist eine Gaststätte untergebracht, die Terrasse vor dem Turm lässt zu allen Jahreszeiten großartige Blicke auf die Stadt zu.

– *Augustenruhe* [C2]. Schon 1814 errichteten Marburger Bürger die Anlage. Von der binnen weniger Minuten von der Elisabethkirche aus erreichbaren Kuppe bietet sich vor allem ein Blick zum Schloss – mit Sonne im Rücken ab etwa 18.30 Uhr Sommerzeit.

– Schutzhütte »Annablick« [A1]. Oberhalb der Straße *Elsenhöhe* im Stadtteil Marbach gelegen, eröffnet sich hier von dieser zu Beginn des 20. Jahrhunderts durch einen Brauereibesitzer zum Gedenken an seine Frau errichteten Hütte ein Blick auf das Schloss von Westen.

– *Weinstraße* [vgl. Stadtkarte]. Sie verläuft oberhalb des Stadtteiles Ockershausen in waldfreiem Gelände. Das ermöglicht von dieser historischen Straße und ihrer Umgebung eine Vielzahl von Ausblicken nicht allein auf die Stadt sondern vor allem auch in das westlich gelegene Umland.

Marburg kompakt – ein Rundgang, wenn wenig Zeit zur Verfügung steht

Zweieinhalb Stunden – ohne Eile – nimmt dieser Rundgang in Anspruch. Er führt nicht nur zu den bedeutendsten Sehenswürdigkeiten der Stadt, sondern ermöglicht auch, ihre Vielfalt und Urbanität zu erleben sowie einen Eindruck von dem Reichtum an landschaftlichen Reizen auf kleinem Raum zu gewinnen.

Ausgangspunkt soll der *Hauptbahnhof* sein, freilich eignet sich auch jede andere Stelle zum Einstieg.

Hauptbahnhof – Bahnhofstraße – Elisabethstraße – *Elisabethkirche* – Steinweg – Roter Graben – Renthof (Treppe/Fußweg als Abkürzung) – Hainweg – Treppe zum *Schloss* vorbei am *Hexenturm* – *Landgrafenschloss* – Landgraf-Philipp-Straße bis Abzweig Treppe hinter Restaurant »Bückingsgarten«, Treppe hinunter zur Ritterstraße oberhalb *Pfarrkirche St. Marien* – Ritterstraße – Kugelgasse – Barfüßerstraße – Augustinergasse – Gutenbergstraße – Frankfurter Straße – Auf der Weide – Steg über die Lahn (»Hirsefeldsteg«) – Trojedamm bis kurz oberhalb des Weidenhäuser Wehrs – Bei der Hirsemühle – Löchels Gäßchen – Hahnengasse – Weidenhäuser Straße – Weidenhäuser Brücke – Lahntor – Reitgasse – Schuhmarkt – Markt – Marktgasse – Wettergasse – Neustadt – Steinweg – Deutschhausstraße – Firmaneiplatz – Firmaneistrasse – Bunsenstraße – Robert-Koch-Straße – Bahnhofstraße.

Bei schönem Wetter bietet sich an, die Wettergasse bei der Einmündung des Renthofes zu verlassen, mit dem Aufzug des Parkhauses Pilgrimstein hinab zum Pilgrimstein zu gelangen und durch den *Alten Botanischen Garten* zur Einmündung der Bunsenstraße in die Deutschhausstraße zu gehen.

Der »Marstall« beim Landgrafenschloss, jetzt internationales Studentenwohnheim

Ausflugsziele in der Umgebung

In der vielfältigen Landschaft rund um Marburg finden sich zahlreiche attraktive Ausflugsziele

1. Ubbelohde-Museum

OTTO UBBELOHDE (1867-1922), weltweit bekannt durch ca. 450 Illustrationen der Grimmschen Märchen, zählt zu den bedeutendsten deutschen Landschaftsmalern des frühen 20. Jahrhunderts. In der Lahnaue bei Goßfelden ließ er sich 1900 in einem selbst konzipierten und zum Teil selbst gebauten Haus nieder. Die naturnahe Lage einerseits, die günstige Anbindung an Marburg durch den nur 700 m entfernten und noch vorhandenen Bahnhof *Goßfelden* an der Nebenbahn Laasphe - Marburg andererseits – Ubbelohde betätigte sich auch als Zeichenlehrer – gab den Anlass zur Wahl dieses Wohnortes. Vor wenigen Jahren ging das seit

Im Garten des Ubbelohde-Museums

Ubbelohdes Tod nur geringfügig verändertes Haus in das Eigentum einer Stiftung über, die es in ein Museum verwandelte, in dem Leben, Arbeiten und das vielseitige Werk Ubbelohdes gezeigt werden.

2. Der Christenberg bei Münchhausen

Am Westrand des *Burgwaldes*, einem ausgedehnten Waldgebiet nördlich von Marburg, liegt, ca. 20 km von hier entfernt, der *Christenberg*. Bei dem Namen handelt es sich wahrscheinlich um eine Verballhornung des lateinischen Ausdruckes 'Castrum' = Burg. Für das Jahr 1227 ist jedenfalls die Bezeichnung 'Kestelborg' überliefert. In keltischer Zeit befand sich an der Stelle ein Ringwall. Die heute noch sichtbaren, vor drei Jahrzehnten ausgegrabenen Reste der Befestigung sind die Überbleibsel einer fränkischen Anlage aus dem späten 7. und 8. Jahrhundert, angelegt als Verteidigungsanlage gegen die südwärts expandierenden Sachsen. Schon damals scheint eine Kirche hier errichtet worden zu sein, zuständig für einen ausgedehnten Bezirk am Westrand des Burgwaldes. Als Nachfolgebau entstand im 11. Jahrhundert die heutige Kirche. Mit der allmählichen Errichtung von Dorfkirchen büßte die Martinskir-

Auf dem Christenberg

che sukzessive einen Teil ihres Sprengels ein, blieb schließlich nur Kirche für Münchhausen, weshalb 1503 der Pfarrer seinen Amtssitz in das Dorf verlegte. Trotzdem erhielt die Martinskirche noch 1520 eine in spätgotischem Stil gehaltene Erweiterung und diente nun als Kapelle für den weiterhin von mehreren Siedlungen genutzten Friedhof. Der Ausblick westwärts ist beeindruckend.

3. Amöneburg – wo die Christianisierung Nordhessens begann

Das Amöneburger Becken, ein weites, in der Erdneuzeit entstandenes Senkungsfeld östlich von Marburg, wird um mehr als 100 m von dem mächtigen Basaltmassiv der Amöneburg überragt. 721 gründete *Bonifatius,* als er die Missionierung Nordhessens in Angriff nahm, hier, im Schutze einer auf dem Berg gelegenen fränkischen Befestigung, eine Zelle. Zusammen mit einem Kirchenbau wurde daraus 732 ein Kloster, geweiht dem hl. Michael.

Dieses wurde im 12. Jhdt. auf-gelöst. Der Ort befand sich seit der Mitte des gleichen Jahrhunderts im Besitz der Mainzer Erzbischöfe und verblieb dort bis 1803. Das Mainzer Territorium um die Amöneburg wurde von einer auf dem Berg errichteten Burg aus verwaltet. Sie wurde um 1300 ausgebaut, im Dreißigjährigen Krieg 1646 zerstört, später zwar wieder aufgebaut, verfiel aber nach erneuten Kriegsbeschädigungen im Jahr 1762. Eine weitere Verteidigungsanlage, die Wenigenburg, eine einst im Süden auf einem Vorhügel gelegene Befestigung, ist schon in der 2. Hälfte des 15. Jhdts. zerstört worden. Damals begann der Niedergang der hiesigen Mainzer Machtstellung zugunsten der hessischen Landgrafen, von ihnen forciert unter anderem durch die Gründung der konkurrierenden Stadt Kirchhain und die Sperrung bzw. Verlegung der zuvor Amöneburg berührenden Fernstraße »durch die Langen Hessen«.

Zu Beginn des 13. Jhdts. besaß die Siedlung auf dem Berg Stadtrechte und fungierte bis 1320 sogar als Münzstätte. Die Pfarrkirche St. Johannes, erbaut seit dem späten 13. Jhdt., diente seit 1360 als Kirche eines neu errichteten Kollegiatstiftes, das bis 1803 bestand. Der Name »Stiftsschule« des heutigen humanistischen Gymnasiums erinnert daran. Kaum nötig zu erwähnen,

Amöneburg, Ansicht von Südwesten

dass sich von der Amöneburg eine weit reichende Rundumaussicht eröffnet.

Nicht nur kulturhistorisch ist die Amöneburg interessant, auf und an dem mächtigen Basaltkegel sind zahlreiche seltene oder gefährdete Pflanzen und Tiere vorzufinden. Die erheblichen Unterschiede in Exposition, Hangneigung, Untergrund aber auch in der menschlichen Nutzung trugen zur Entstehung vielfältiger Strukturen auf kleinem Raum bei. Im Brauhaus befindet sich neben dem Museum ein Naturinformationszentrum (»NIZA«). Es überrascht nicht, dass hier das erste hessische Naturschutzgebiet entstand, erweitert 1982, so dass es nun wie ein Gürtel die Siedlung auf dem Berg ringförmig umschließt und eine Ausdehnung von 31 ha aufweist. Durch dieses Areal führt ein Naturpfad, 23 Tafeln bieten Erläuterungen zu einzel-

nen Pflanzen, darunter der Hopfen und die Frühjahrsblüher Bergulme, Osterluzei und Schierling. Wir treffen u. a. auf Halbtrockenrasen sowie auf Wald- und Steinbruchflächen, dabei auf sehr schön ausgeprägte Basaltsäulen unterhalb des Brücker Tores.

4. Schloss und Park Rauischholzhausen – Architektur der Gründerzeit

Der Ort erhielt seinen Namen nach dem Adelsgeschlecht der Rau (von Holzhausen). Sie besaßen im Dorf einen stattlichen Adelshof mit einem imposanten,

Schloss Rauischholzhausen

aus dem 15. Jhdt. stammenden Haupthaus. 1871 erwarb der Diplomat Freiherr v. Stumm einen großen Teil des adligen Besitzes in Rauischholzhausen und errichtete, nach Abbruch einer Wasserburg, ein im Stil der Neorenaissance gehaltenes Schloss, um das ein ausgedehnter, frei zugänglicher Park angelegt wurde. Zwar handelt es sich um eine naturnahe, absichtsvoll in die Landschaft eingebundene Anlage, aber durch die Eingriffe in die Geländegestalt, die Auswahl der Gehölze sowie sorgfältig konzipierte Sichtachsen sind 'Inszenierungen' von Eindrücken und Stimmungen vorgenommen worden.

5. Landsynagoge Roth

Im Dorf Roth, 10 km südlich der Marburger Stadtmitte in der Lahnaue gelegen, steht die einzige Synagoge im Kreisgebiet, die die Judenpogrome des 3. Reiches überstanden hat und inzwischen wieder religiösen Zwecken dient. Sie entstand kurz vor 1840 als Nachfolger eines an anderer Stelle gelegenen Baues, den 1832 Feuer zerstört hatte. Später ist der Synagoge ein rituelles Bad, eine Mikve, angefügt worden. Das nahezu quadratische Gebäude wurde als Fachwerkkonstruktion auf einem Sandsteinsockel errichtet und mit einem Walmdach versehen. Teile der Außenwände sind verschiefert.

In den Novemberpogromen des Jahres 1938 wurde mit Ausnahme der Frauenempore die Inneneinrichtung der Synagoge zerstört, jedoch unterblieb wegen der Nähe der umliegenden Bebauung eine Brandstiftung. 1939 musste die jüdische Gemeinde die Synagoge verkaufen. 1990 ging die ehemalige Synagoge in den Besitz der Gemeinde Weimar, 1995 in Kreiseigentum über und wurde während der neunziger Jahre saniert.

Der Arbeitskreis Landsynagoge Roth e. V. nutzt und betreibt die Synagoge als Gedenk- und Bildungsstätte zu Fragen der jüdischen Geschichte und Kultur.

6. Höfe

Südlich des Dorfes Dreihausen, etwa 15 km südöstlich von Marburg, befinden sich im Wald die »Höfe«, Reste einer frühmittelalterlichen Befestigung (vielleicht sogar bis im 11. Jahrhundert in Funktion). Die nahezu rechtwinklige Anlage, einst umgeben von einer bis zu 2 m starken Mauer, bedeckt eine Fläche von ca. 2 ha und wird durch eine Mauer in eine Ober- und eine Unterburg unterteilt. Ausgrabungen Anfang der siebziger Jahre des letzten Jahrhunderts ließen die Reste eines »Steinernen Hauses« und einer Rundkirche deutlich werden. Bemalte Putzüberbleibsel und eine Porphyrplatte – vermutlich als Reliquie im Altar verwandt – deuten darauf hin, dass es sich bei den »Höfen« um einen fränkisch / karolingischen Königshof gehandelt hat. Die Grabungsfunde befinden sich in der vor- und frühgeschichtlichen Abteilung des Marburger Universitätsmuseums.

Berühmte Persönlichkeiten in Marburg

Vor allem die Universität führte dazu, dass in Marburg zahlreiche Persönlichkeiten mehr oder minder lange Abschnitte ihres Lebens verbrachten, die auf nationaler Ebene zu den unbestrittenen Berühmtheiten zählen. Einige von ihnen genießen sogar Weltruf.

Die folgende Liste enthält lediglich Männer und Frauen, die im übrigen Text keine Erwähnung fanden. Zum Teil sind an den einstigen Wohn- und Wirkungsstätten in Marburg Gedenktafeln angebracht. In Klammern sind die Wohnorte angegeben. Sofern eine Gedenktafel vorhanden ist, befindet sie sich bei dem zuletzt genannten Wohnort.

ARENDT, HANNAH (1906-1975). Die 1933 emigrierte Philosophin studierte hier 1924/25, hatte während dieser Zeit auch ein kurzes Verhältnis mit dem wesentlich älteren Philosophen Heidegger (*Lutherstraße 4* [B2], Gedenktafel).

ARNIM, BETTINA VON, geb. BRENTANO (1785-1859). Sie ist bekannt als Schriftstellerin sowie für ihr soziales Engagement im Berlin des Vormärz und verbrachte Teile der Jahre 1802-1805 in Marburg (*Ritterstr. 15* [Inn., C3], Gedenkstätte dort im »Bettinaturm«).

BEHRING, EMIL VON (1854-1917). Entdecker des Diphterieserums und Nobelpreisträger für Medizin 1901 (*Wilhelm-Roser-Straße 7* [B1, B2, C2], Denkmal am *Pilgrimstein* [Inn., D2]).

BENN, GOTTFRIED (1886-1956). In den Jahren 1903 und 1904 studierte der Arzt und bekannte Schriftsteller hier Theologie und Philosophie (*Wilhelmstraße 10* [C4]).

BERGENGRUEN, WERNER (1892-1964). Der Schriftsteller studierte in Marburg 1911 bis 1914 Philosophie (*Schlosstreppe 7* [Inn., C3], *Barfüßertor 25* [C4], *Schwanallee 19* [B4, B5], Gedenktafel).

BIELSCHOWSKI, ALFRED (1871-1940): Der Mediziner und – seit 1912 – Leiter der Marburger Augenklinik begann im Ersten Weltkrieg damit, sich um die berufliche Eingliederung von Blinden zu bemühen. Zusammen mit Carl Strehl (s. u.) gründete Bielschowski 1916 den »Verein blinder Akademiker Deutschlands«, dessen Ziel u. a. die Einrichtung einer Studienanstalt und Bücherei für Blinde bildete. Diese Einrichtungen entstanden in Marburg. Bielschowski, der seit 1923 die *Breslauer* Augenklinik leitete, ist im Dritten Reich als Jude aus seinen Ämtern vertrieben worden und verbrachte – hochangesehen – die letzten Jahre in den

USA (Gedenktafel an einem Haus der Blindenstudienanstalt in der *Biegenstraße 22* [Inn., D2]).

BREITSCHEID, RUDOLF (1874-1944). Der SPD-Politiker und zeitweilige preußische Innenminister (1918/19) studierte in Marburg 1903 bis 1908 (Wohnort unbekannt).

BRENTANO, CLEMENS (1778-1842). Der romantische Dichter studierte in Marburg 1800-1804 Medizin und Jura (*Reitgasse 6* [Inn., D3], Gedenktafel).

BRÜCKNER, CHRISTINE (1921-1997). Die Schriftstellerin und zeitweilige Vizepräsidentin des deutschen PEN legte in Marburg ihr Examen als Bibliothekarin ab und lebte anschließend hier mehrere Jahre (*Heinrich-Heine-Straße* [E2]).

BUNSEN, ROBERT WILHELM (1811-1899). Der Chemiker, Entdecker der Spektralanalyse und bekannt als Entwickler des nach ihm bekannten Brenners, war 1839 bis 1851 als Professor tätig. An seiner ehemaligen Arbeitsstätte im »Deutschen Haus« (*Deutschhausstraße 10* [Inn., D2]) befindet sich eine Gedenktafel.

CORDUS, EURICIUS (1484-1535). Der Arzt und Humanist hatte seit 1527 eine Professur an der neu gegründeten Universität inne. Er gilt als Begründer der wissenschaftlichen Botanik (*Am Lahntor 3* [Inn., D3]).

DUDEN, CONRAD (1829-1911). Der vor allem als Schöpfer des nach ihm benannten »Duden« bekannte Germanist promovierte 1854 in Marburg (Wohnort unbekannt).

EISNER, KURT (1867-1919). Der Schriftsteller, der als sozialdemokratischer Ministerpräsident von Bayern 1919 in München ermordet wurde, wirkte 1893-1897 als Redakteur einer Zeitung (*Haspelstraße 30a*, [C4]).

GRIMM, JACOB (1785-1863) und WILHELM (1786-1859). Die beiden Sprachwissenschaftler und Märchensammler studierten in Marburg 1802-1805 (*Barfüßerstraße 55* [Inn., C3], Gedenktafel).

HAHN, OTTO (1879-1968). Der Entdecker der Kernspaltung und Nobelpreisträger für Chemie lernte Marburg als Student kennen (*Ketzerbach 47* [Inn., C2], *Renthof 12* [Inn., C2], Gedenktafel).

HEIDEGGER, MARTIN (1889-1976). Philosoph, der 1923-1928 an der Universität eine Professorenstelle hatte (*Schwanallee 21* [B4/B5], *Barfüßertor 15* [Inn., B4]).

HEINEMANN, GUSTAV (1899-1976). Politiker, nach Zugehörigkeit zu verschiedenen Parteien 1969 bis 1974 Bundespräsident. Studierte 1919 bis 1922 in Marburg (*Weidenhäuser Straße 16a* [Inn., D4], Gedenktafel).

Martin Heidegger

HESSUS, EOBANUS HELIUS (1488-1540). Deutscher Humanist und 1536 bis 1540 Professor an der Philipps-Universität, währenddessen Übersetzung von Psalter und Ilias (Wohnort unbekannt).

JUNG, JOHANN HEINRICH (»Jung-Stilling«, 1740-1817). Mediziner, Staatswissenschaftler und auch als Schriftsteller tätig. In Marburg 1786 bis 1803 (*Hofstatt 11* [Inn., C3], Gedenktafel).

KASCHNITZ, MARIE LUISE (1901-1974). Die Schriftstellerin lebte in Marburg von 1939 bis 1941 (*Georg-Voigt-Straße 21a* [E2]).

LIEBKNECHT, WILHELM (1826-1900). Der sozialdemokratische Politiker, der lange Zeit den »Vorwärts«, die Zeitung der SPD, leitete, studierte in Marburg 1846 bis 1848 (*Wettergasse 9* [Inn., D3], Gedenktafel).

LOMONOSSOW, MICHAIL (1711-1765). Gründer der Moskauer Universität 1755, der in Mar-

burg nicht nur 1736-1739 studiert sondern hier auch seine zukünftige Ehefrau kennengelernt hatte (*Wendelgasse 2* [Inn., C3], Gedenktafel an der Alten Universität).

LUTHER, MARTIN (1483-1546). Der Reformator hielt sich im Oktober 1529 anlässlich des »Marburger Religionsgespräches«, in dem sich die spätere Trennung der Evangelischen in Lutherische und Reformierte vorbereitete, in Marburg auf (*Barfüßerstraße 48*, damals Gasthof [Inn., C2], Gedenktafel).

MEINHOF, ULRIKE (1934-1976). 1955 bis 1957 studierte die später als leitende Person in der westdeutschen Terroristenszene hervorgetretene Ulrike Meinhof hier Pädagogik und Psychologie. Die Wohnung ist nicht bekannt.

MELANCHTHON, PHILIPP (1497-1560). Der Humanist und Reformator hielt sich 1529, damals als Teilnehmer des Religionsgesprächs, 1536 und 1557 in Marburg. Wahrscheinlich wohnte er im Landgrafenschloss.

ORTEGA Y GASSET, JOSÉ (1883-1955). Der spanische Philosoph und Soziologe verbrachte einen Teil seiner Studienzeit 1911 in Marburg (*Gisselberger Straße 21* [B6], Gedenktafel).

PAPIN, DENIS (1647-1712). Arzt und Naturforscher, der Frankreich wegen der Aufhebung des Ediktes von Nantes verließ und 1688 bis 1695 in Marburg eine

Denis Papin

Professorenstelle innehatte. Bekannt ist er vor allem durch seine Arbeiten zur Entwicklung der Dampfmaschine (*Markt 15* [Inn., D3], Gedenktafel).

PASTERNAK, BORIS (1890-1960). Der bekannte russische Dichter, der 1958 den Nobelpreis für Literatur erhielt, hielt sich 1912 als Student in Marburg auf (*Gisselberger Straße 15* [B6], Gedenktafel).

REICHWEIN, ADOLF (1898-1944). Wesentliche Teile seiner Studienzeit (1920-1923) verbrachte der Pädagoge, der 1944 wegen seiner Mitgliedschaft in der Widerstandsbewegung hingerichtet wurde, in Marburg (*Am Grün 10* [D4], *Nikolaistrasse 5* [Inn., C3], Gedenktafel).

REUTER, ERNST (1889-1953). Der Regierende Bürgermeister von Berlin zwischen 1948 und 1953 hatte 1907 bis 1911 in Marburg Philosophie studiert. Seine Wohnung ist unbekannt.

SAUERBRUCH, ERNST (1875-1951) studierte nicht nur in Marburg, sondern war hier auch 1907-11 beruflich tätig, zuletzt als Professor der Medizin (*Biegenstraße 20* [Inn., D3], Gedenktafel).

SAVIGNY, FRIEDRICH CARL VON (1779-1861). Der Jurist und spätere preußische Minister übte nach seinem Studium in Marburg an der hiesigen Universität 1803 bis 1808 eine Lehrtätigkeit aus und stand in dieser Zeit auch dem Kreis um die Geschwister Brentano und die Brüder Grimm nahe (*Ritterstraße 15* [Inn., C3], Gedenktafel).

SCHEIDEMANN, PHILIPP (1865-1939). Als Buchdrucker lebte er 1888-1894 in Marburg. Ihm blieb es vorbehalten November 1918 die Republik auszurufen. Er avancierte für kurze Zeit zum preußischen Ministerpräsidenten und wirkte später als Oberbürgermeister in Kassel (*Zwischenhausen 18* [Inn., C2]).

SCHÜCKING, WALTHER (1875-1955). Der Völkerrechtler hatte in Marburg 1903 bis 1920 eine Professorenstelle inne und war als Hauptdelegierter der Reichsregierung bei den Versailler Friedensverhandlungen 1918/19 (*Lutherstraße 15* [Inn., B3]).

SCHÜTZ, HEINRICH (1585-1672) zählt zu den bedeutendsten deutschen Komponisten und studierte 1607-09 in Marburg Jura (*Kugelgasse 10* [Inn., C3], Gedenktafel).

SEIDEL, INA (1885-1974). Die bekannte Schriftstellerin hielt sich in ihrer Kindheit und auch als Erwachsene – zum Beispiel 1896-1898 und 1949 – mehrfach und oft länger in Marburg auf (*Renthof 37* [Inn., C3], Gedenktafel).

STREHL, CARL (1886-1971). Durch einen Unfall als Chemielaborant frühzeitig erblindet, studierte er in Marburg Philologie und Volkswirtschaft, war 1916 wesentlich an der Gründung des Vereines blinder Akademiker Deutschlands beteiligt, der dann eine Studienanstalt für Blinde, die heutige »blista« mit Sitz in Marburg ins Leben rief. Bis heute zählt die Deutsche Blindenstudienanstalt, als deren Direktor Strehl bis 1965 wirkte, zu den prägenden Einrichtungen der Stadt, der Anteil Blinder an der Gesamtbevölkerung liegt in Marburg daher um ein Vielfaches über dem Durchschnitt in Deutschland.

WEGENER, ALFRED (1880-1930). Von 1908 bis 1919 arbeitete der Entwickler der Theorie von der Kontinentalverschiebung als Privatdozent in Marburg (*Wilhelm-Roser-Straße 9* [B1, B2, C2], *Biegenstraße 44* [Inn., D3], *Gisselberger Straße 21* [B6]). An seine bis in die Gegenwart aktuellen Forschungen erinnert eine Gedenktafel am physikalischen Institut *Renthof 6* [Inn., C3].

WOLFF, CHRISTIAN (1679-1754). Der Philosoph, der sich u. a. entscheidende Verdienste bei der deutschen Terminologie seines Faches erwarb, arbeitete als Professor von 1724-1740 in Marburg (*Marktgasse 17* [Inn., D3], Gedenktafel).

Literatur über Marburg – eine kleine Auswahl

ARLT, M. (Red.): *Marbuch – Marburgs Stadtbuch.* Marburg 2002.

BECKER, H. u. a.: *Der alte Botanische Garten in Marburg an der Lahn.* Königstein im Taunus 1997 (Die blauen Bücher).

BICKON, H. und RIESTRA, P. d. l.: *Marburg und seine schönsten Bauwerke.* Marburg 1998.

DETTMERING, E. und GRENZ, R. (Hrsg.): *Marburger Geschichte – Rückblick auf die Stadtgeschichte in Einzelbeiträgen.* Marburg 1980.

Die Marburger Pfarrkirche St. Marien – eine Stadtkirche und ihre Architektur als Ort politischer Auseinandersetzungen. Marburg 1991 (Marburger Stadtschriften zur Geschichte und Kultur 34).

FOWLER, A. und WOISCHKE, D.: *Marburg 1849–1920.* Marburg 1989.

GROSSMANN, D.: *Die Elisabethkirche zu Marburg, Lahn.* München, 12. Auflage 1996.

GROSSMANN, U.: *Schloss Marburg.* Regensburg 1999.

KEMP, E., KRAUSE, K. und SCHÜTTE, U.: *Marburg – Architekturführer.* Petersberg 2002.

KESSLER, W.: *Geschichte der Universitätsstadt Marburg in Daten und Stichworten.* Marburg 1984 (Marburger Stadtschriften zur Geschichte und Kultur 15)

LAUER, W.: *Marburg und Umgebung – ein landeskundlicher Exkursionsführer.* Marburg 1967 (Marburger Geographische Schr. 30).

LEIB, J. und PAK, M. (Hrsg.): *Marburg – Maribor.* Geographische Beiträge über die Partnerstädte in Deutschland und Slowenien. Marburg 1994 (Marburger Geographische Schriften 126).

LEPPIN, E.: *Die Elisabethkirche in Marburg an der Lahn.* Königstein im Taunus, 4. Auflage 1999 (Die Blauen Bücher).

METZ-BECKER, M.: *Hundert Menschen – Hundert Orte.* Ein Führer zu Marburgs historischen Persönlichkeiten und ihren Erinnerungszeichen. Marburg 2005.

MÜLLER, A. (Hrsg.): *150 Jahre Eisenbahn in Marburg – Impulse der Stadtentwicklung.* Marburg 2001 (Marburger Stadtschriften zur Geschichte und Kultur 71).

MÜLLER, K.-P.: *Marburg in alten Ansichten.* Marburg 1984 (Marburger Stadtschriften zur Geschichte und Kultur 14).

MÜLLER, M.: *Der zweitürmige Westbau der Marburger Elisabethkirche.* Die Vollendung der Grabeskirche einer „königlichen Frau". Baugeschichte, Vorbilder, Bedeutung. Marburg 1997 (Marburger Stadtschriften zur Geschichte und Kultur 60).

MÜNZER, L.: *Wanderkarte 1:25.000 Marburg und Umgebung, mit Innenstadtplan 1:15.000.* Marburg 2005.

PLETSCH, A. (Hrsg.): *Marburg – Entwicklungen – Strukturen – Funktionen – Vergleiche.* Marburg 1990 (Marburger Stadtschriften zur Geschichte und Kultur 32).

SCHNACK, I.: *Die Philipps-Universität zu Marburg 1927–1977.* 450 Jahre Philipps-Universität Marburg 1527–1977. Marburg 1977.

SCHNACK, I.: *Marburg. Bilder einer alten Stadt.* Impressionen und Profile. 3. Aufl. Hanau 1974.

WOISCHKE, D.: *Marburg. Die Märchenstadt an der Lahn.* Marburger Märchenroute nach Motiven von Otto Ubbelohde. Marburg 1998.

Zahlreiche weitere Beiträge zu Detailfragen der Stadtentwicklung finden sich in vielen Bänden der über 80 Titel umfassenden Reihe »Marburger Stadtschriften zur Geschichte und Kultur«, verlegt vom Rathaus-Verlag und im Buchhandel, bzw. bei der Stabsstelle für Presse- und Öffentlichkeitsarbeit der Stadt Marburg erhältlich.

Schließlich gibt die Stabsstelle für Presse- und Öffentlichkeitsarbeit der Stadt Marburg elfmal im Jahr die Informationsbroschüre »Studier mal Marburg« heraus. Sie enthält stets kurze Beiträge zur Stadtgeschichte.

Feste und Märkte

Wo gearbeitet wird – und das ist auch in Marburg der Fall – bedarf es gelegentlich der Entspannung. Die Feste, die dazu dienen, lassen sich unschwer zu einem großen Teil dem universitären Ambiente zuordnen.

Feste

3 Tage Marburg:
Dreitägiges Stadtfest am zweiten Wochenende im Juli.

Feuerzangenbowle:
Aufführung des berühmten Filmes mit Heinz Rühmann auf dem Marktplatz am letzten Freitag im Januar.

Marburger Frühling:
Mit Blumenschmuck, Kleinkunstangeboten sowie einem verkaufsoffenen Sonntag wird im letzten Märzdrittel der Frühling begrüßt.

Maieinsingen:
Auf dem Marktplatz wird mit Ablauf des 30. April der Beginn des Frühlingsmonats Mai mit Gesang gefeiert.

Ramba Zamba Kinderkulturfestival:
Jährlich stattfindendes, auf den Nachwuchs ausgerichtetes Fest im Schlosspark. Es wird in andere Veranstaltungen eingebunden, der Termin wechselt daher von Jahr zu Jahr.

Drachenbootrennen auf der Lahn im Rahmen von »3 Tage Marburg«

Uni-Sommerfest:
Immer am letzten Freitag im Juni.

Ketzerbachfest:
Am ersten Samstag im Juli wird alle zwei Jahre im Rahmen eines Straßenfestes der Überwölbung der Ketzerbach gedacht.

Marburger Varietésommer:
Im Zeitraum Mitte August bis Mitte September findet in der Waggonhalle jährlich das Varietéfestival mit Programm für alle Generationen, besetzt mit hochkarätigen Künstlern, statt.

Weidenhäuser Entenrennen:
Im September wird auf der Lahn die Plastikente ermittelt, die der Wind am schnellsten befördert.

Marktfrühschoppen:
Eine Veranstaltung am ersten Sonntag im Juli, die mit im Zeichen der Burschenschaften steht und damit – vielleicht gar nicht so unwillkommenen – politischen Zündstoff liefert.

Märkte

Drei *Wochenmärkte* finden zweimal in der Woche (Mittwoch und Samstag) jeweils von 8 bis 13 Uhr statt und zwar auf dem Marktplatz [Inn., D3], auf dem Firmaneiplatz neben der Elisabethkirche [Inn., D2] und in der Frankfurter Straße [C5].

Nahezu jeden 1. Samstag im Monat wird auf dem Steinweg [Inn., D2] ein *Flohmarkt* abgehalten, ihn ergänzt am letzten Samstag im Monat ein weiterer Flohmarkt an der Waggonhalle [E1] hinter dem verfallenden Lokomotivschuppen.

Den Ausklang der Sommersaison bildet am zweiten Wochenende im Oktober der *Elisabethmarkt* mit verkaufsoffenem Sonntag und zahlreichen Veranstaltungen vor allem in der Altstadt.

Unterwegs zur Stadt und in der Stadt

Marburg liegt in Deutschlands Mitte und lässt sich aus vielen Richtungen rasch erreichen.

Per Bahn:
Jede Stunde verbindet ein schnellfahrender Reisezug auf der Kursbuchstrecke 620 die Stadt binnen ca. einer Stunde mit den hochrangigen Fernverkehrsknoten Kassel-Wilhelmshöhe im Norden und – über Gießen rollend – mit Frankfurt am Main im Süden.

Wer von weiter her kommt, der muss nicht immer umsteigen, denn in zweistündlichem Rhythmus verkehren Intercity-Züge nach Karlsruhe im Süden und Stralsund im Norden (über Hamburg) durch Marburg. Besucher aus Westdeutschland, aus dem Rheinland erreichen Marburg am besten mit Umsteigen in Gießen. Zahlreich sind die Zugverbindungen zwischen Marburg und diesem großen mittelhessischen Bahnknoten.

Auf der Straße:
Kaum 20 km beträgt der Abstand zum nächsten Autobahnanschluss nahe Gießen, von Osten vermittelt die Bundesstraße 62, von Nordosten (Kassel) die B3, von Norden (Paderborn) die B252 und von Westen (Koblenz/Montabaur) die B255 gute Möglichkeiten, direkt in die Universitätsstadt zu gelangen.

Mit dem Fahrrad:
Marburg selbst liegt zwar an keinem der hessischen Radfernwege, aber am Lahntalradweg, einem in jüngster Zeit gut ausgebauten Radwanderweg entlang der Lahn von der Quelle bis zur Mündung. In Cölbe, vier km nördlich von Marburg, sowie in Gießen berührt der Lahntalradweg Radfernwege.

Der Lahntalradweg ist sehr gut ausgeschildert

Unterwegs in Marburg

Zu Fuß oder per Rad

Vor allem bei einem Besuch der Oberstadt tut man gut daran, sich in erster Linie auf die eigenen Füße zu verlassen. Selbst ein Fahrrad lässt man wegen des schwierigen Reliefs und der vielen Treppen besser – sorgfältig abgeschlossen freilich – stehen.

Der Stadtbusverkehr

Werden die Wege in der Stadt länger, so empfiehlt sich, wenn ein Rad nicht in Frage kommt, die Nutzung der Busse der Stadtwerke Marburg.

Dank des hohen Studentenanteiles an der Bevölkerung verfügt die Kernstadt Marburg zusammen mit den Stadtteilen *Ockershausen-Stadtwald*, *Wehrda*, *Marbach* und *Cappel* über ein für Städte dieser Größe außerordentlich umfangreiches Angebot im Stadtbusverkehr:

Im Tagesverkehr an Werktagen fahren die Busse der Linien 1-8 größtenteils im 20-Minutentakt. Dieses Angebot wird verstärkt durch die Busse der Linie C zwischen den P+R-Parkplätzen an den *Stadtwerken Marburg* im Süden [vgl. Stadtplan] und dem *Einkaufszentrum Wehrda* im Norden.

An Wochenenden ersetzt in den späten Nachmittagsstunden die Ringlinie 9 einige der Buslinien 1-8.

Den Abendverkehr ab ca. 19.30 Uhr bis nach Mitternacht versehen an allen Wochentagen die Linien A1-A4, nicht davon bediente Teile der Stadt sind größtenteils per Anrufsammeltaxi erreichbar.

Eine besondere Attraktion stellt die Linie 16 dar: Sie verbindet die *Marburger Innenstadt* unter anderem mit dem *Landgrafenschloss* sowie – alternierend –

Mit dem Bus zum Schloss...

mit dem Stadtteil *Elnhausen*.

Schließlich werden in stündlichem Rhythmus – in verkehrsschwachen Zeiten und an Wochenenden durch Anrufsammeltaxen – die Stadtteile *Ginseldorf*, *Bauerbach*, *Schröck* und *Moischt* durch die Linien 11 und 12 bedient.

Nähere Auskünfte: Außer der im Liniennetzschema angegebenen Adresse steht montags bis freitags von 9.00 bis 18.00 Uhr das Kundenzentrum am *Rudolphsplatz* (*Universitätsstraße 1* [Inn., D4]) zur Verfügung.

Mit dem Aufzug vom Pilgrimstein [Inn., D2] *in die Oberstadt*

nicht über das Wetter klagt, der beschwert sich über fehlende Parkplätze und das, obwohl daran eigentlich kein Mangel herrscht – dass es zu bestimmten Tageszeiten, bei bestimmten Ereignissen vielleicht einmal hier und da eng wird, ist überall so, dass fürs Parken Gebühren anfallen, ist auch nichts Neues.

Mit Kinderwagen oder Rollstuhl

Hier fordert das Gelände seinen Tribut: Die oft erheblichen Steigungen, das viele, zum Teil ausgefahrene Pflaster und schließlich die Treppen lassen Stadterkundungen mit Kindern im Kinderwagen anstrengend werden, schließen womöglich Ziele aus. Noch rigider sind die Einschränkungen für Benutzer von Rollstühlen. Immerhin handelt es sich bei den meisten Stadtbussen inzwischen um Niederflurfahrzeuge. Für Behinderte wird der *„Marburger Stadtführer für Menschen mit Behinderungen"*, herausgegeben 2001 vom Magistrat der Stadt Marburg, empfohlen. Bezug: Sozialamt der Stadt Marburg, Friedrichstraße 36, 35037 Marburg; Telefon: 0 64 21/20 15 25 oder Fax 20 15 76.

Mit dem Kraftfahrzeug

In Marburg ist es wie in vielen anderen Städten auch: Wer

Wer diese Selbstverständlichkeiten berücksichtigt und außerdem nicht meint, sein Fahrzeug immer unmittelbar vor dem Ziel abstellen zu müssen, wird in Marburg angesichts von über 6.000 öffentlichen Parkplätzen keine größeren Schwierigkeiten mit der Unterbringung seines motorisierten Untersatzes haben als in Berlin, München oder Tübingen.

Im Stadtplan sind die größeren Parkhäuser und Parkplätze, zum Teil unmittelbar am Rand der historischen Altstadt gelegen, ausgewiesen.

Rar sind – wie anderswo auch – Omnibusparkplätze. Sie finden sich am Pilgrimstein [Inn., D2] nahe der Touristinformation, am Firmaneiplatz [Inn., D2], in der Savignystraße [Inn., D3] und am Krummbogen nahe der Einmündung in die Bahnhofstraße [D1].

Stille Örtchen

Sie sind in den beiden Stadtplänen eingezeichnet.

Kugelkirche St. Johannes der Evangelist
Ritterstraße 12 [Inn., C3]
Tel.: 9 13 90
Geöffnet: täglich 8 - 17 Uhr

Bibliotheken, Archive

Universitätsbibliothek
Wilhelm-Röpke-Straße 4 [E3]
Tel.: 282-51 30
Öffnungszeiten:
– *Leihstelle:* Montag-Freitag 9 -18 Uhr
– *Lesesaal:* Montag–Samstag 9 -21.30 Uhr, Sonntag 13 - 21.30 Uhr

Stadtbücherei
Ketzerbach 1 [Inn., C2]
Tel.: 20 12 48
Öffnungszeiten: Montag, Dienstag, Donnerstag und Freitag 14-18.30 Uhr und Mittwoch 10 -13 Uhr

Hessisches Staatsarchiv Marburg
Friedrichsplatz 15 [C4]
Tel.: 9 25 00
Öffnungszeiten *(Benutzersaal)*:
Montag–Donnerstag 8.30 -19 Uhr und Freitag 8.30 -13 Uhr

Stadtarchiv Marburg
Barfüßerstraße 50 [Inn., D3]
Tel.: 201-499

Deutsche Blindenstudien-anstalt e.V. (blista)
Am Schlag 8 [B2]
Tel.: 606-0

Deutsche Blindenstudienanstalt e.V. (blista)
AIDOS/Deutsche Blinden-Bibliothek
Marbacher Weg 18 [C2]
Tel.: 606-311
Öffnungszeiten:
Montag – Donnerstag 10 -12 Uhr

Bildarchiv Foto Marburg
Biegenstraße 11 [Inn., D3]
Tel.: 282-36 00
Öffnungszeiten:
Montag – Freitag 8 -17 Uhr

Circus-, Varieté- und Artisten-archiv
Ketzerbach 21 [Inn., C2]
Tel.: 4 23 46
Besichtigung nach tel. Vereinbarung

Mit dem Aufzug vom Pilgrimstein [Inn., D2] *in die Oberstadt*

nicht über das Wetter klagt, der beschwert sich über fehlende Parkplätze und das, obwohl daran eigentlich kein Mangel herrscht – dass es zu bestimmten Tageszeiten, bei bestimmten Ereignissen vielleicht einmal hier und da eng wird, ist überall so, dass fürs Parken Gebühren anfallen, ist auch nichts Neues.

Mit Kinderwagen oder Rollstuhl

Hier fordert das Gelände seinen Tribut: Die oft erheblichen Steigungen, das viele, zum Teil ausgefahrene Pflaster und schließlich die Treppen lassen Stadterkundungen mit Kindern im Kinderwagen anstrengend werden, schließen womöglich Ziele aus. Noch rigider sind die Einschränkungen für Benutzer von Rollstühlen. Immerhin handelt es sich bei den meisten Stadtbussen inzwischen um Niederflurfahrzeuge. Für Behinderte wird der *„Marburger Stadtführer für Menschen mit Behinderungen"*, herausgegeben 2001 vom Magistrat der Stadt Marburg, empfohlen. Bezug: Sozialamt der Stadt Marburg, Friedrichstraße 36, 35037 Marburg; Telefon: 0 64 21/20 15 25 oder Fax 20 15 76.

Mit dem Kraftfahrzeug

In Marburg ist es wie in vielen anderen Städten auch: Wer

Wer diese Selbstverständlichkeiten berücksichtigt und außerdem nicht meint, sein Fahrzeug immer unmittelbar vor dem Ziel abstellen zu müssen, wird in Marburg angesichts von über 6.000 öffentlichen Parkplätzen keine größeren Schwierigkeiten mit der Unterbringung seines motorisierten Untersatzes haben als in Berlin, München oder Tübingen.

Im Stadtplan sind die größeren Parkhäuser und Parkplätze, zum Teil unmittelbar am Rand der historischen Altstadt gelegen, ausgewiesen.

Rar sind – wie anderswo auch – Omnibusparkplätze. Sie finden sich am Pilgrimstein [Inn., D2] nahe der Touristinformation, am Firmaneiplatz [Inn., D2], in der Savignystraße [Inn., D3] und am Krummbogen nahe der Einmündung in die Bahnhofstraße [D1].

Stille Örtchen

Sie sind in den beiden Stadtplänen eingezeichnet.

Kultur in Marburg

Über das, was Kultur ist, gehen bekanntermaßen die Meinungen auseinander – darüber, dass in Marburg viel an Kultur geboten wird, erübrigt sich jede Diskussion. Die weit zurückreichenden Traditionen städtischen Lebens, die doch recht hohe regionale Bedeutung der Stadt und nicht zuletzt die Universität durch den mit ihr verbundenen Bevölkerungsteil und auch durch die von ihr ausgehenden Anregungen führen zu einem außerordentlich breit ausgeprägten Kultursektor.

Museen, Galerien und Ausstellungen

Universitätsmuseum für Kulturgeschichte im Landgrafenschloss
Tel.: 282-23 55
Öffnungszeiten: täglich außer Montag
April–Oktober 10-18 Uhr
November–März 10-16 Uhr

Universitätsmuseum für bildende Kunst
Biegenstraße 11 [Inn., D3]
Tel.: 282-23 55
Öffnungszeiten: täglich außer Montag 11-13- und 14-17 Uhr

Mineralogisches Museum
Firmaneiplatz [Inn, D2]
Tel.: 282-22 44
Öffnungszeiten:
Mittwoch 10-13 und 15-18 Uhr;
Donnerstag, Freitag 10-13 Uhr;
Samstag, Sonntag 11-15 Uhr

Museum Anatomicum
Robert-Koch-Straße 6 [Inn., D2]
Tel.: 286-70 11 und 286-40 78
Öffnungszeiten: jeden 1. Samstag im Monat 10-12 Uhr

Brüder-Grimm-Stube
Markt 23 [Inn., D3]
Tel.: 201-763
wechselnde Ausstellungen/ Kulturamt der Stadt
Öffnungszeiten: täglich außer Montag 11-13 und 14-17 Uhr

Kindheitsmuseum
Barfüßertor 5 [Inn., C3]
Tel.: 2 44 24
Öffnungszeiten: April–September sonntags 11-13 Uhr, Gruppen nach Anmeldung

Polizei-Oldtimer-Museum
Cyriaxweimar [Stadtkarte]
Informationen: Polizei-Motorsportclub, Tel.: 406-0

Deutsches Spielearchiv
Barfüßerstraße 2a [Inn., C3]
Tel.: 6 27 28.
Führungen und Spielen Mo – Fr 8-13 Uhr und nach Anmeldung

Marburger Kunstverein e.V.
Gerhardt-Jahn-Platz 5 [Inn., D3]
Tel.: 2 58 82
Wechselnde Ausstellungen
Geöffnet: Dienstag – Sonntag 11-17 Uhr, Mittwoch bis 20 Uhr

»Haus der Kunst«
Atelier-Galerie für Malerei und
Freie Kunst
Weidenhäuser Str. 49 [Inn., D4]
Tel.: 1 38 89

**Marburger Haus der Romantik
e.V.**
Markt 16 [Inn., D3]
Tel.: 91 71 60
Öffnungszeiten: täglich außer
Montag 11-13 und 14-17 Uhr

Behring-Ausstellung »Blut ist
ein ganz besonderer Saft«
Bahnhofstraße 7 [D1]
Tel.: 2 86 70 88, 201- 763
Öffnungszeiten: jeden 1. Sams-
tag im Monat 10-12 Uhr

**Völkerkundliche Sammlung im
Kugelhaus**
Kugelgasse 10 [Inn., C3]
Tel.: 282-37 49
Öffnungszeiten: Montag–Mitt-
woch 9 -13Uhr, Donnerstag 9 -11
Uhr, außerdem Montag, Mitt-
woch, Donnerstag 14-16 Uhr,
erster Sonntag im Montag 10 -12
Uhr (Öffnungszeiten während
der Semesterferien einge-
schränkt, März und August
geschlossen). Führungen nach
Vereinbarung.

Religionskundliche Sammlung
in der Neuen Kanzlei
Landgraf-Philipp-Straße 4
Tel.: 282-24 80
Öffnungszeiten: Montag, Diens-
tag, Mittwoch und Freitag 10 -13
Uhr; außerdem Montag, Diens-
tag und Donnerstag 14-17 Uhr

Ausgewählte Kirchen

Elisabethkirche
Tel.: 6 55 73
Öffnungszeiten: täglich
April – September 9 -18 Uhr;
Oktober 9 -17 Uhr; November –
März 10 -16 Uhr.
An Sonn- und Feiertagen ist die
Kirche erst ab 11.15 Uhr geöff-
net! An Samstagen können zwi-
schen 12 und 15 Uhr Amtshand-
lungen stattfinden, so dass die
Chorräume nicht zur Besichti-
gung zur Verfügung stehen.
Ganzjährig werden Führungen
an Sonn- und Feiertagen um
11.15 Uhr angeboten. Zusätzlich
finden Führungen von April bis
Oktober täglich außer samstags
um 15 Uhr statt. Treffpunkt ist

das Hauptportal, die Dauer
beträgt eine Stunde.

**Lutherische Pfarrkirche
St. Marien**
Lutherischer Kirchhof 1 [Inn., C3]
Tel.: 16 44 46
Geöffnet: täglich 9 -17 Uhr
Führungen nach Anmeldung

Universitätskirche
Reitgasse/Alte Universität [Inn.,
D3]
Tel.: 2 37 45, 2 33 87
Öffnungszeiten: täglich außer
montags 9 -17 Uhr, Führungen
nach Anmeldung

Kugelkirche St. Johannes der Evangelist
Ritterstraße 12 [Inn., C3]
Tel.: 9 13 90
Geöffnet: täglich 8 - 17 Uhr

Bibliotheken, Archive

Universitätsbibliothek
Wilhelm-Röpke-Straße 4 [E3]
Tel.: 282-51 30
Öffnungszeiten:
– *Leihstelle:* Montag-Freitag 9 - 18 Uhr
– *Lesesaal:* Montag–Samstag 9 - 21.30 Uhr, Sonntag 13 - 21.30 Uhr

Stadtbücherei
Ketzerbach 1 [Inn., C2]
Tel.: 20 12 48
Öffnungszeiten: Montag, Dienstag, Donnerstag und Freitag 14 - 18.30 Uhr und Mittwoch 10 - 13 Uhr

Hessisches Staatsarchiv Marburg
Friedrichsplatz 15 [C4]
Tel.: 9 25 00
Öffnungszeiten *(Benutzersaal)*:
Montag–Donnerstag 8.30 - 19 Uhr und Freitag 8.30 - 13 Uhr

Stadtarchiv Marburg
Barfüßerstraße 50 [Inn., D3]
Tel.: 201-499

Deutsche Blindenstudien-anstalt e.V. (blista)
Am Schlag 8 [B2]
Tel.: 606-0

Deutsche Blindenstudienanstalt e.V. (blista)
AIDOS/Deutsche Blinden-Bibliothek
Marbacher Weg 18 [C2]
Tel.: 606-311
Öffnungszeiten:
Montag – Donnerstag 10 - 12 Uhr

Bildarchiv Foto Marburg
Biegenstraße 11 [Inn., D3]
Tel.: 282-36 00
Öffnungszeiten:
Montag – Freitag 8 - 17 Uhr

Circus-, Varieté- und Artisten-archiv
Ketzerbach 21 [Inn., C2]
Tel.: 4 23 46
Besichtigung nach tel. Vereinbarung

Kino, Theater, Kulturzentren

Theater

Hessisches Landestheater Marburg
Am Schwanhof 68–72 [B5, B6]
Tel. (*Verwaltung*): 99 02 31
Tel. (*Kartenvorverkauf*): 2 56 08
www.hlth.de

Theater Gegenstand e.V.
Rudolf-Bultmann-Str. 2a [E1, E2]
Tel.: 68 69 01
www.theater-gegenstand.de

G-Werk e.V.
Afföllerwiesen 3a [D1]
www.g-werk.org

Theater neben dem Turm / german stage service
Afföllerwiesen 3a [D1]
Tel.: 6 25 82
www.germanstageservice.de

Kulturzentren

KFZ (= Initiative Kommunikation und Freizeitzentrum e. V.)
Schulstraße 6 [D4]
Tel.: 1 38 98
Bürozeiten: Dienstag–Freitag
9.30-13 Uhr
www.kfz-marburg.de

Waggonhalle Kulturzentrum e.V.
Rudolf-Bultmann-Str. 2a [E1, E2]
Tel.: 69 06 26
Bürozeiten: Montag – Freitag
11-14 Uhr
www.waggonhalle.de

Café Trauma e.V.
Afföllerwiesen 3a [C1]
Tel.: 88 97 72
Bürozeiten: Montag – Freitag
10-14 Uhr
www.cafetrauma.de

Kino

Cineplex
Gerhard-Jahn-Platz [Inn., D3]
Tel.: 17 30 70
www.cineplex.de

Marburger Filmkunsttheater
Spielstätten:
– Kammer, Atelier und Palette
Steinweg 4 [Inn., C2]
– Schlossparkbühne
Freilichttheater, nur im Sommer
[C3]
Tel.: 6 72 69, 6 26 77
www.marburgerfilmkunst.de

Von der Wagenwerkstatt (1988) zum Kulturzentrum »Waggonhalle«

Stadt- und Schlossführungen

Öffentliche Führungen für Einzelpersonen und Kleingruppen bis acht Personen (ohne Anmeldung):

– Führung durch die Elisabethkirche und Altstadt hinauf zum Landgrafenschloss
Januar-Dezember samstags 15 Uhr, 2 Stunden, Treffpunkt Hauptportal Elisabethkirche

– Gang durch die Altstadt
April-Oktober mittwochs 15 Uhr, 1 Stunde, Treffpunkt Marktbrunnen am Marktplatz [Inn., D3]

– Gang durch das Landgrafenschloss
April-Oktober sonntags 15 Uhr, 1 Stunde, Treffpunkt Schlossvorhof an der Bushaltestelle

– Auf den Spuren der Brüder Grimm durch das märchenhafte Marburg
April-Oktober jeden letzten Sonntag im Monat 11 Uhr, 1,5 Stunden, Treffpunkt Marktbrunnen am Marktplatz [Inn., D3]

– Schlosskasematten
April-Oktober samstags 15.15 Uhr, 1,5 Stunden, Treffpunkt Schlossvorhof an der Bushaltestelle

Für Blinde und Sehbehinderte werden spezielle Führungen mit eigens dafür geschulten Führern angeboten. Es existieren ertastbare Modelle des Marktplatzes, des Schlosses und der Elisabethkirche.

Parks, Schwimmbäder, Aussichtsturm, Lehrpfade & sonstige wichtige Adressen

Alter Botanischer Garten
Pilgrimstein [Inn., D2, D3]

Neuer Botanischer Garten
Karl-von-Frisch-Straße (*Universitätsgebiet Lahnberge,* vgl. Stadtkarte)
Tel.: 282-15 07
Öffnungszeiten: Mai – September täglich 9 -18.30 Uhr und Oktober–April täglich außer Samstag 9 -15.30 Uhr

Alter Pilgerfriedhof am »Michelchen« [Inn., C2]

Kaiser-Wilhelm-Turm
Herrmann-Bauer-Weg [F2]
Tel.: 68 21 29
Öffnungszeiten:
März bis Oktober täglich außer Dienstag 14 -18 Uhr; November bis Februar täglich außer Dienstag und Donnerstag 14 -17 Uhr

Sport- und Freizeitbad »Aquamar«
Sommerbadstraße 41 [D5]
Tel.: 3 09 78 40
Öffnungszeiten:
– *Hallenbad:* Montag – Freitag 10 -22 Uhr, Samstag und Sonntag 10 -20 Uhr. Außerdem: Frühschwimmen außer an Feiertagen Dienstag – Freitag 7 -9 Uhr
– *Freibad:* Freibad- und Freizeitbereich geöffnet täglich ab 8 Uhr, Saisonbeginn je nach Witterung

Bewegungshallenbad Wehrda
(behindertengerecht)
Zur Wann [Stadtkarte]
Tel.: 8 32 33
Öffnungszeiten: Dienstag und Donnerstag 10 -21 Uhr sowie Samstag und Sonntag 8 -13 Uhr. Während der Freibadesaison im »Aquamar« entfällt die Öffnung an Wochenenden!

Naturlehrpfad Dammühle
[Stadtkarte]

Planetenlehrpfad
In der Lahnaue zwischen Cappel und unmittelbar nördlich der Lahnbrücke in der Bahnhofstraße – Planeten des Sonnensystems, maßstäblich verkleinert und in maßstäblichem Abstand zueinander aufgestellt, Erläuterungen auch in Blindenschrift.

Kirschlehrpfad
Am nördlichen Rand des »Heiligen Grundes« am Westrand von Ockershausen [Stadtkarte]

Waldlehrpfad
Nordwestlich des Kaiser-Wilhelm-Turmes in den Lahnbergen, Erläuterungen auch in Blindenschrift [Stadtkarte]

»Camera Obscura«
Ein Blick auf Marburg durch die Lochkamera
Auf der Schlosserrasse nahe der Endhaltestelle der Linie 16
Tel.: 4 27 94
Öffnungszeiten: April bis Oktober Mittwoch, Samstag, an Sonn- und Feiertagen 14-16 Uhr. Anmeldung von Gruppen zu Terminen nach Vereinbarung bitte zwei Wochen im Voraus.

Sonstige wichtige Adressen

Jugendherberge Marburg
(ganzjährig geöffnet)
Jahnstraße 1 [Inn.,D5]
Tel.: 2 34 61

Campingplatz Lahnaue
Trojedamm 47 [C5]
Tel.: 2 13 31
Öffnungszeiten der Rezeption:
April 9-18 Uhr; Mai–September 8-21 Uhr; Oktober–März 11-16 Uhr

Minigolf
Trojedamm 47 [C5,D5]
Telefon und Öffnungszeiten: siehe Campingplatz Lahnaue

Ärztlicher Notdienst
Raiffeisenstraße 6 *(Stadtteil Cappel)*
Tel.: 1 92 92

Universitäts-Hauptverwaltung
Biegenstraße 10 [Inn., D3]
Tel.: 282-0

Herder-Institut e.V.
Gisonenweg 5-7 [B3]
Tel.: 184-0
Öffnungszeiten:
Bibliothek Montag – Freitag 8-17.30 Uhr; *Bildarchiv* 8-16 Uhr (Voranmeldung erwünscht)

Einkauf und Verköstigung

Ist Marburg eine Einkaufsstadt? Darüber lässt sich diskutieren. Sicher ist aber, dass die besondere Situation der Stadt dazu führt, dass man hier manche Dinge finden kann, die entweder in Städten vergleichbarer Größe gar nicht oder zumindest nicht in einer derart breiten Auswahl angeboten werden.

Sicher ist schließlich auch, dass ein Einkaufsbummel in einer derart reizvollen Umgebung wie der Marburger Innenstadt seinen eigenen Erlebniswert besitzt.

Ähnliches gilt für die Gastronomie. Ihre Prägung durch die studentische Kundschaft ist unübersehbar, vor allem in der Oberstadt gibt es eine Vielzahl uriger Studentenkneipen. Aber auch andere Ansprüche können befriedigt werden durch zahlreiche Speisegaststätten. In vielen von ihnen wird auf hohem Niveau gekocht, die Angebotspalette ist breit.

What a city!

The city of Marburg is one of the most charming university cities of Germany. In addition to its 78,000 inhabitants, over 10,000 students live here during the semester.

The charm it exerts on inhabitants and visitors alike is due to to several factors, only the most important of which can be mentioned here:

– the *Altstadt's* (old city) location on the slopes of a mountain spur, dominated by a grand castle;

– its richness of historic buildings, a great number of which were renovated with great care over the last decades;

– its Gothic pilgrimage church, one of the most important sacral buildings in central Europe.

From its History

The beginnings of the city date back to the 11th century. From this time, there is evidence for the existence of a fortification on the site of today's castle. The Giso dynasty, at that time the rulers in Marburg and its vicinity, obtained possession of the county Hessen, lying ca. 80 km northeast of Marburg, in the early 12th century. In 1122, the possessions of the Giso were bequeathed to the landgraves of Thuringia. These furthered the extension of the castle and the development of a city around it. The first documentary attestation of Marburg as a city dates from 1222.

The city received its decisive impulses for development soon after, through the decision of the Landgravine Elisabeth who chose in 1228 to retire to Marburg after the death of her husband in the year before. Here, she led a life primarily dedicated to the care of the old and the sick. Elisabeth died in 1231; quickly, her grave became a pilgrimage site due to its attributed curative properties. Immediately after her canonisation in 1235, construction of the Elisabeth church was commenced and by this, Marburg became for several centuries one of the most prominent pilgrimage sites of Europe.

In the middle of the 13th century, the Thuringian dynasty of landgraves, lacking a male successor, became extinct. During the quarrels over the inheritance, Hesse and Thuringia split paths. In 1292, the Landgraves of Hesse obtained the title of Princes of the Empire. Marburg had become, along with Kassel, the most important City in the Hessian Territory of the time.

During the reformation, the Hessian Landgrave Philipp (the Haughty) quickly became the leading figure of the nobles that had converted to the Protestant faith. He showed this by using some of the secularised church property to establish the first Protestant university in the year 1527. This at least partially make up for the loss of prominence

Marburg had suffered through by the ending of the pilgrimages.

Although Marburg became residence in 1567, when Hesse was split among the sons of Landgrave Philipp, this was not to be permanent. While it caused a further expansion of the castle, residency in Marburg ended for good when the line of Hesse-Marburg died out in 1604.

The next two and a half centuries were a time of stagnation for the city – benefiting the preservation of its medieval character.

Not until its attachment to the Kassel-Frankfurt railway line in 1850 and the annexation of Hesse-Kassel by Prussia in 1866 did the development of the city regain momentum. Although the new rulers systematically and successfully promoted both the city and its university, no large industrial companies were established in or around Marburg up until now, with the exception of the Behringwerke (Behring plants).

Marburg suffered hardly any destructions during the war.

While further expansion of the university from the 1950s onward caused a considerable growth of the city, its beauty was managed to be preserved to a large extent.

Parts of the city

The *Altstadt*/old city with the Landgraves' castle is made up of the *Oberstadt* (upper city) below the castle, its centre being the historic market square and the area around the Elisabeth church north of the *Oberstadt,* with the church in its centre.

At the foot of the *Oberstadt* lie the pre-industrial suburbs of *Pilgrimstein* and *Am Grün* as well as, across the Lahn, the suburb of *Weidenhausen.*

Directly following these oldest parts are the *Nordviertel,* originating from the second half of the 19th century in connection to the construction of the railway, the *Biegenviertel,* built in the early 20th century, the *Südviertel,* mainly from the same period as the *Nordviertel* and the houses on the castle hill (professors' villas and student fraternity houses), most of them predating the First World War

The city-quarters constructed during the interbellum are optically not as prominent and of less importance than the older parts and the extensive constructions dating past 1945. Not only did this recent settlement lead to a near total urbanisation of the Lahn valley, but also a coalescence with the former suburbs of *Wehrda, Cappel, Ockershausen* and *Marbach.*

Finally, settlement was extended even beyond the Lahn valley – on the *Richtsberg,* a terrace on the Lahn hills (*Lahnberge*) to the east of the city, a large scale settlement area was put up – on the Lahn hills themselves, buildings for the university departments of natural science were erected. These were followed by the university hospitals, built in two phases (in 1984 and 2006).

Varied and beautiful surroundings

The charm of the city of Marburg is accounted for not only by its wealth of historical buildings and its special ambiance but also its position amidst a varied scenery with numerous destinations for excursions nearby. Still Marburg's city landscape and immediate surroundings are impressive in themselves.

The river Lahn, which is the Rhine's fourth largest influx, is the heart of a variegated and natural meadow landscape, directly crossing the city. Large woodland areas as well as open hills can be reached from almost all parts of the city within only a few minutes of walking.

The city's position between two stretched mountain ridges allows for numerous impressive vistas of the city itself as well as the surrounding countryside.

What to see

While you can argue about where to start, some destinations are a must if you want to grasp what Marburg is about.

We shall begin with the castle. The main features of its appearance stem from the 13th and 14th century.

A marker of its later conversion to an early modern fortress are the *Hexenturm* (witchtower), a former cannon tower, as well as the casemates that were made accessible for visitors a few years ago. From the castle hill you can get an amazing view of the city and its surroundings.

At the centre of the old as well as the new city lies the *Rathaus* (town hall). Constructed from 1511 to 1526 it is decorated with a relief portraying Elisabeth as a Saint and as a worldly ruler.

The market square above the Rathaus is the site of the *"Steinernes Haus"* (stone house), built in 1320 and one of the few stone buildings in the *Altstadt*. Also a part of the *Altstadt* – besides several other chapels – is its main church, the *Stadtpfarrkirche St. Marien* (St. Mary's), constructed in the 13th and 14th century.

The multitude of paths, stairs and narrow roads in the *Oberstadt* are downright inviting a discovery tour.

Our path leads us through *Wettergasse, Neustadt* and *Steinweg* from the *Oberstadt* to the Elisabeth church, the oldest purely Gothic church on the east of the Rhine, its style visibly inspired by French cathedrals. Despite the losses caused by iconoclasts, its interior decoration is still of impressive variance and greatness. The glass paintings in the windows of the main choir date from the 13th and 14th century.

An other path from the *Rathaus* leads down the *Reitgasse,* past the university church and the old university building down to the *Lahntor,* to the Lahn and its most important crossing, the *Weidenhäuser Brücke.*

A visit of the *Weidenhausen* suburb on the other bank of the Lahn is well worth while. Here, amongst others, the St. Jacob hospital (built in 1570), is located.

The promenade along the Lahn that is here being retained by the *Weidenhäuser Wehr* (weir) is of special beauty.

The vistas of the city are quite outstanding – especially recommendable are the Bismarck-promenade in the south, as well as the Kaiser-Wilhelm-Turm in the east of the city.

While the latter can only be climbed in the afternoons, it allows for a view not only of the city but far into the surrounding areas.

Register

Adressen, wichtige	77	Fruchtspeicher	38
Alte Anatomie	40		
Alte Universität	31	Galerien	72
Alter Botanischer Garten	42,43	Gastronomie	79
Am Grün	46	Gebietsreform	21
Amöneburg	57, 58	Geisteswissenschaftliche Institute	
Amöneburger Becken	7, 21	Gerichtsgefängnis (ehemaliges)	49
Amtsgericht (ehemaliges)	49	Gisonen	13
Anfahrt (nach Marburg)	68	Grafschaft Hessen	13
Arnsburger Hof	32, 33	Grüner Tor	46
Audimax	42		
Augustenruhe	12, 54	Hauptpost	39
Ausflugsziele um Marburg	56-59	Herrenmühle	8, 40
Aussichtspunkte	53, 54	Hessen-Marburg, Landgrafschaft	16, 30
Ausstellungen	72-73	Hochwasser	9
		Hochzeitshaus	33
Bahnhöfe	9, 17, 29	Homberger Synode von 1526	17
Bahnhofsbrücke	9	Hospitalskapelle = Franziskanerkapelle	
Barfüßertor	27		
Behinderte	71	Kaiser-Wilhelm-Turm	53, 54, 77
Behringwerke	19, 23	Kalbstor	27
Bibliotheken, Archive	74	Kasematten	25, 26, 76
Biegenviertel	42-43	Kasernen (ehemalige)	17, 18, 46, 47
Bismarckturm	50, 53	Kerner	30
Bombenschäden	19, 39	Kesseltor	27
		Ketzerbach	38
Christenberg	56, 57	Kilianskapelle	29
		Kinderklinik	40
Deutscher Orden	15, 18, 40	Kinderwagen (in Marburg mit dem)	71
Deutsches Haus	15, 37	Kino	75
Dominikanerkloster	30, 31	Kirchen (Öffnungszeiten)	73
		Königreich Westfalen	17
Einkaufen	79	Konrad-Adenauer-Brücke	9
Eisenbahn	siehe Bahnhöfe	Kraftfahrzeugverkehr	71
Elisabethkirche	15, 35, 36, 73	Kugelherren	32
Elisabethmühle	8	Kugelkirche	32
Ernst-von-Hülsen-Haus	42	Kulturzentren	75
Erzbistum Mainz	13, 15, 16		
		Lahn und Lahntal	7-9
Franziskanerkapelle	37	Lahnberge	7
Franziskanerkloster	31	Lahnbrücken	8, 9
Freilichtbühne	26, 74	Lahntor	27
Fronhof	13, 46	Landgrafen von Thüringen	13-15

Landgrafenhaus	50	Schlosspark	26
Landgrafenschloss	13, 24-26, 76	Schul- und Sportanlagenviertel	20
Landgräfliche Kanzlei	33	Schützenpfuhlbrücke	8
Landsynagoge Roth	59	Schwimmbäder	43, 77
Lehrpfade u. ä.	77, 78	Spiegelslust	53
Lützelburg	12	St. Jacobs-Hospital	44
		St. Jost	45
Main-Weser-Bahn	= Bahnhöfe	Staatsarchiv, Hessisches	26, 48, 74
Marburger Rücken	7	Stadt- und Schlossführungen	76
Marcbach	12	Stadtautobahn	20-21
Marktbrunnen	28, 29	Stadtbefestigung	27
Marktplatz	27-29	Stadtbücherei	38, 74
Michelchen	37	Stadthalle	42
Museen	72-73	Stadtpfarrkirche St. Marien	29-30
		Stadtsanierung	21-22
Neue Anatomie	38	Steinernes Haus	28
Neue Mitte	43-44	Südviertel	46
Neustadt	15	Synagoge, mittelalterlich	32
Niederrheinische Straße	12	Synagoge, neu	49
Nordstadt	35-40		
		Theater	75
Oberstadt	27-34	Thüringen = Landgrafen von	
Ockershausen	19	Thüringen	
Öffentliche Toiletten	71		
Öffentlicher Nahverkehr	69-70	Universität	17-20, 23
Ölmühle	8	Universitätsbibliothek	74
		Universitätsbibliothek	
Parken	71	(ehemalige)	49
Parks	77	Universitätsmuseum	26, 42, 72
Physiologisches Institut	37	Universitätsneubaugebiet	
Pilgrimstein	40	Lahnberge	20, 51, 52
Professorenvillen	50		
Psychiatrie	18, 50, 51	Verbindungshäuser	50
Pulverturm	50		
		Weidenhausen	44-45
Rabenstein (Richtstätte)	50	Weidenhäuser Wehr	8
Rad Fahren	69,70	Weidenhäuser Brücke	8, 31, 44
Rathaus	27-28	Weinstraße	12, 54
Reithalle	31	Werdertor	27
Renthöfertor	27		
Residenzfunktionen	16, 30, 33	Zentrum für Hals-, Nasen- und	
Rheinisches Schiefergebirge	7, 21	Ohrenheilkunde	40
Richtsberg	20, 52		
Schanzenkopf	12		
Schlossberg	24-26		

Straßenverzeichnis

Hinweis zur Benutzung: Die Abkürzung 'Inn.' bedeutet Innenstadtplan. Manche Straßenbezeichnungen finden sich lediglich in diesem.

Abendroth-Brücke	Inn.
Adalbert-Stifter-Weg	F5
Adam-Krafft-Straße	E4, E5
Alfred-Wegener-Straße	E3, E4
Alter Ebsdorfer Weg	D6
Alter Kirchhainer Weg	E4, F4
Am Berg	A1, A2
Am Brückchen	Inn.
Am Dammelsberg	A3
Am Erlengraben	Inn, D4
Am Glaskopf	D6, E6
Am Grassenberg	B2, C2
Am Grün	Inn, D4
Am grünen Hang	A5
Am Hasenküppel	A2
Am Herrenfeld	A6
Am Krekel	B6
Am Kupfergraben	C5
Am Martsacker	A2
Am Mühlteich	A2
Am Ortenbergsteg	D1, E1
Am Ortenbergsteg	D1, E1
Am Plan	Inn., C3, C4
Am Pulverturm	D6
Am Rabenstein	E5
Am Richtsberg	F6
Am Schlag	B2, C2
Am Schwanhof	B5, B6
Am Weinberg	Inn., C2
An den Brunnenröhren	B2
An den Siechengärten	E3, E4
An der Haustatt	A2, B1, B2
An der Schäferbuche	E1, F1
An der Schanze	D6
An der Zahlbach	F4
Annablick-Weg	A1
Auf dem Wehr	Inn., D4
Auf der Weide	D4, D5
Augustinergasse	Inn.
Aulgasse	Inn.
Bachweg	A5
Bahnhofstraße	C2, D1, D2
Bantzerstraße	C6
Barfüßerstraße	Inn., C3
Barfüßertor	Inn., B4, C3, C4
Bei der Hirsemühle	Inn.
Bei St. Jost	Inn., E4
Bergwiesenweg	A6
Biegenstraße	Inn., D2, D3
Bienenweg	A2, A3
Bismarckpromenade	D5, E5
Bismarckstraße	B4, C4
Blitzweg	E2, F2
Borngasse	A5
Braugasse	Inn.
Brüder-Grimm-Straße	F5, F6
Brunnenstraße	A2
Bückingsdamm	C5
Bunsenstraße	Inn., D2
Bunter Kitzel	B3
Calvinstraße	A4, B4
Cappeler Straße	C6, D5
Carl-Strehl-Straße	E5
Deutschhausstraße	Inn., D2
Dörfflerstraße	C5
Dürerstraße	E1, F1
Eichendorffweg	D6
Elisabeth-Blochmann-Platz	Inn.
Elisabethstraße	Inn., C2
Elsenhöhe	A1
Emil-Mannkopf-Straße	D2
Emil-von-Behring-Straße	A1, A2
Enge Gasse	Inn.
Erlenring	Inn., D3, D4
Ernst-Giller-Straße	D1

Fähnrichsweg	F4	Hohe Leuchte	A5
Firmaneiplatz	Inn.	Höhlsgasse	E4, F4
Firmaneistrasse	Inn., D2	Hölderlinstraße	F5
Fontanestraße	E5, F5	Hospitalwaldstraße	A6
Frankfurter Straße	B5, C4, C5, D4		
Franz-Leonhard-Weg	B4	Im Gefälle	E1, F2
Friedensplatz	Inn., D4	Im Köhlersgrund	A3, B3
Friedrich-Naumann-Straße	B5, C5	Im Stiftsfeld	A6
Friedrich-Siebert-Weg	Inn.		
Friedrichsplatz	C4, C5	Jägerstraße	C4, D4
Friedrichstraße	B4, C4, C5	Jahnstraße	Inn., D4
Furthstraße	D1	Jakobsgasse	Inn.
		Johannes-Müller-Straße	Inn., D2, D3
Gabelsberger Straße	B1, B2		
Galgenweg	F4	Kaffweg	F4, F5
Gehrensgäßchen	Inn.	Kämpfrasen	C4
Georg-Büchner-Weg	D5, D6	Kantstraße	E6, F6
Georg-Voigt-Straße	E2, E3, E4	Kappesgasse	Inn.
Gerbergäßchen	Inn.	Karl-Doerbecker-Straße	A4
Gerhard-Jahn-Platz	Inn., D3	Karl-Justi-Straße	A2, A3
Gerhart-Hauptmann-Straße	F6	Karl-Laucht-Weg	A5
Gerichtsweg	F4, F5	Karlsbader Weg	E6
Gisonenweg	Inn., B3, C3	Karmelitergasse	Inn.
Gisselberger Straße	A6, B6	Kerschensteinerstraße	C6
Glammbergweg	E2, E3, F2, F3	Ketzerbach	Inn., C2
Gottfried-Keller-Straße	E5	Kirchspitze	C1, C2
Götzenhainweg	Inn.	Kleine Ortenberggasse	E3, F3
Großseelheimer Straße	D6, E5, E6, F5	Köhlersgrundgasse	A3, B3
Gustav-Freytag-Straße	F5	Konrad-Adenauer-Brücke	C6
Gutenbergstraße	Inn., C4	Körnerstraße	D5, D6
		Kornmarkt	Inn.
Habichtstalgasse	A4, B4	Krebsgasse	Inn.
Hahnengasse	Inn.	Krummbogen	D1, D2, E2
Hainweg	Inn., B3, C3	Kugelgasse	Inn., C3
Hans-Sachs-Straße	E1	Kurt-Schumacher-Brücke	D3, D4, E4
Haselhecke	A2, A3		
Hasenberg	A2	Lahnstraße	D1, D2
Haspelgäßchen	Inn.	Lahntor	Inn.
Haspelstraße	C4, C5	Landgrafenweg	A2, A3
Heinrich-Heine-Straße	E2, E3	Landgraf-Philipp-Straße	Inn.
Hermann-Jacobsohn-Weg	E4, F4	Langgasse	Inn.
Heugäßchen	Inn.	Leckersgäßchen	Inn.
Heumarkt	Inn.	Lenaustraße	E1
Heusingerstraße	Inn., D3, E3	Leopold-Lucas-Straße	A5, A6, B5
Hirschberg	Inn.	Liebigstraße	C4
Hofstatt	Inn.	Lingelgasse	Inn.

Löchels Gässchen	Inn.
Ludwig-Juppe-Weg	E2
Luisa-Haeuser-Brücke	Inn.
Lutherstraße	B3, C3
Mainzer Gasse	Inn.
Marbacher Weg	A2, B2, B3, C2
Mariborer Straße	Inn., D4
Marie-Luise-Hensel-Weg	E5, F5
Markt	Inn., D3
Marktgasse	Inn.
Mauerstraße	D1
Metzgergasse	Inn.
Mistgasse	Inn.
Mörikestraße	F5
Neue Kasseler Straße	D1
Neustadt	Inn., D3
Nikolaistraße	Inn.
Nonnengasse	E4, E5
Ockershäuser Allee	A4, A5, B4
Ockershäuser Schulgasse	A5
Ockershäuser Straße	A5
Paul-Ehrlich-Weg	B3
Pestalozzistraße	C6
Pilgrimstein	Inn., C2, D2, D3
Poitiers-Straße	Inn., B5
Radestraße	B5
Reitgasse	Inn.
Renthof	Inn., C2, C3
Ritterstraße	Inn., C3
Robert-Koch-Straße	D2
Rollwiesenweg	C6, D6
Rosenstraße	D1
Rotenberg	A4, B4
Roter Graben	Inn., C2
Rübenstein	Inn.
Rudolf-Bultmann-Straße	E2
Rudolf-Klapp-Straße	E5
Rudolphsplatz	Inn., D3
Sandweg	A3, A4, B3, B4
Sauersgäßchen	Inn.
Savignystraße	Inn., D3, E3
Schenkendorffweg	D6
Scheppe Gewissegasse	E4, E5
Schiffergasse	Inn.
Schloßsteig	Inn.
Schloßtreppe	Inn.
Schneidersberg	Inn.
Schubbelackerweg	F4
Schückingstraße	B5, C5
Schuhmarkt	Inn.
Schulstraße	C4, D4
Schützenstraße	E1
Schwanallee	B4, B5, B6
Sfaxer Straße	Inn., D4
Sommerbadstraße	Inn., D4, D5, E4
Speckkuchengasse	Inn.
Spiegelslust	F2
Spiegelslustweg	E4, F3, F4
Steingasse	Inn.
Steinweg	Inn., C2
Stephan-Niderehe-Straße	A6
Stiebelsgasse	Inn.
Stiftstraße	A5
Stresemannstraße	B5, C5
Sudetenstraße	E6, F6
Sybelstraße	Inn., B3, B4, C3
Sylvester-Jordan-Straße	E4, E5
Taubenweg	A5
Teichwiesengäßchen	A5, B5, B6
Teichwiesenweg	B6
Tischbeinweg	E3, E4
Trojedamm	Inn., C5, D4, D5
Ubbelohdestraße	C5
Uferstraße	Inn., D2, E2, E3
Uhlandstraße	E1
Universitätsstraße	Inn., B4, C4, D4
Untergasse	Inn., C3, C4, D3, D4
Violastraße	E1
Von-Harnack-Straße	E2
Walter-Voß-Weg	F3
Wannkopf	B1
Webersgasse	Inn.

Wehrdaer Weg	C1, C2	Wilhelm-Röpcke-Straße	E2, E3, E4
Wehrgasse	Inn.	Wilhelm-Roser-Straße	B1, B2, C2
Weidenhäuser Brücke	Inn.	Wilhelmsplatz	B4
Weidenhäuser Straße	Inn., D4, E4	Wilhelmstraße	B4, B5, C4
Weintrautstraße	E4, E5	Willi-Mock-Straße	A6, B6
Wendelgasse	Inn.	Wolffstraße	Inn., D3
Werderstraße	C5		
Wettergasse	Inn., D3	Zeppelinstraße	C6
Wiesenweg	A6	Ziegelstraße	A4-A5
Wilhelm-Busch-Straße	E5, F5	Zwetschenweg	A5, A6
Wilhelm-Raabe-Weg	E5	Zwischenhausen	Inn., C2

Tagesliniennetz im Stadtgebiet Marburg

Nahverkehrsinformation 06421/205-228
Internet: www.stadtwerke-marburg.de

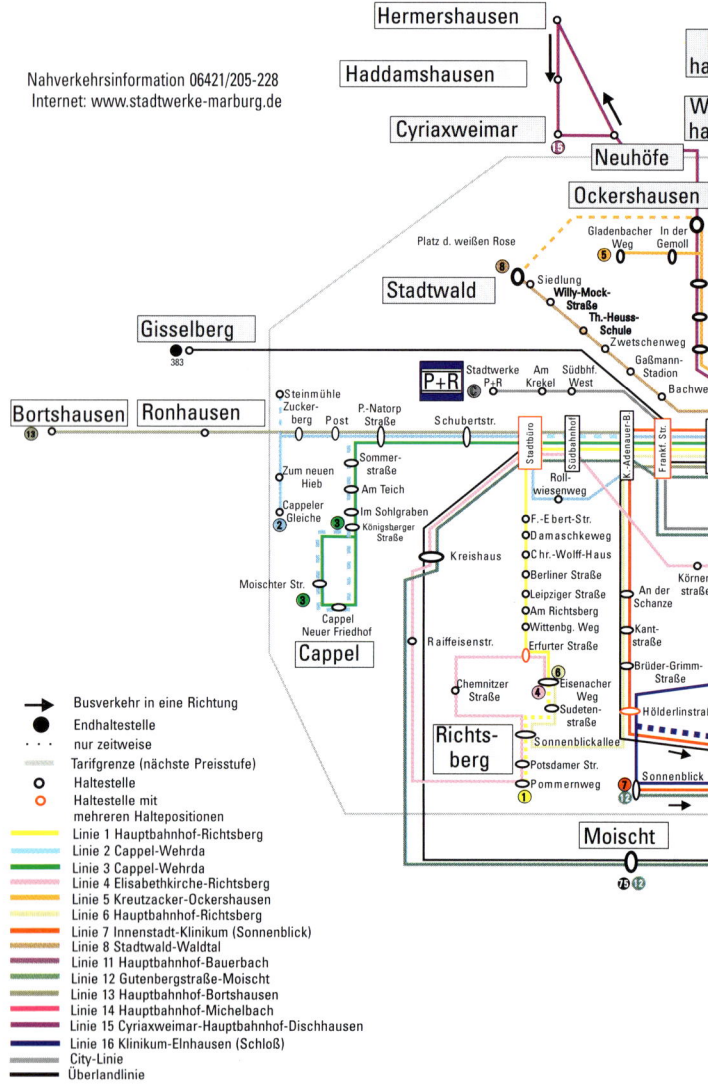

Hermershausen

Haddamshausen

Cyriaxweimar

Neuhöfe

Ockershausen

Platz d. weißen Rose

Gladenbacher Weg · In der Gemoll

Siedlung
Willy-Mock-Straße
Th.-Heuss-Schule

Stadtwald

Zwetschenweg

Gaßmann-Stadion
Bachweg

Gisselberg

383

P+R · Stadtwerke P+R · Am Krekel · Südbhf. West

Steinmühle
Zuckerberg · Post · P-Natorp Straße · Schubertstr.

Bortshausen · **Ronhausen**

Stadtbüro · Südbahnhof · K.-Adenauer-B. · Frankf. Str.

Zum neuen Hieb · Sommerstraße · Am Teich

Roll-wiesenweg

Cappeler Gleiche

Im Sohlgraben · Königsberger Straße

F.-Ebert-Str.
Damaschkeweg
Chr.-Wolff-Haus
Berliner Straße
Leipziger Straße
Am Richtsberg
Wittenbg. Weg

Körner-straße
An der Schanze
Kant-straße

Moischter Str.

Kreishaus

Cappel
Neuer Friedhof

Cappel

Raiffeisenstr.

Erfurter Straße
Brüder-Grimm-Straße

Chemnitzer Straße

Eisenacher Weg
Sudeten-straße

Hölderlinstraße

Richts-berg

Sonnenblickallee

Potsdamer Str.

Pommernweg

Sonnenblick

Moischt

Legende

→ Busverkehr in eine Richtung
● Endhaltestelle
· · · nur zeitweise
Tarifgrenze (nächste Preisstufe)
○ Haltestelle
○ Haltestelle mit mehreren Haltepositionen
Linie 1 Hauptbahnhof-Richtsberg
Linie 2 Cappel-Wehrda
Linie 3 Cappel-Wehrda
Linie 4 Elisabethkirche-Richtsberg
Linie 5 Kreutzacker-Ockershausen
Linie 6 Hauptbahnhof-Richtsberg
Linie 7 Innenstadt-Klinikum (Sonnenblick)
Linie 8 Stadtwald-Waldtal
Linie 11 Hauptbahnhof-Bauerbach
Linie 12 Gutenbergstraße-Moischt
Linie 13 Hauptbahnhof-Bortshausen
Linie 14 Hauptbahnhof-Michelbach
Linie 15 Cyriaxweimar-Hauptbahnhof-Dischhausen
Linie 16 Klinikum-Elnhausen (Schloß)
City-Linie
Überlandlinie

STADTWERKE MARBURG

Was liegt näher?

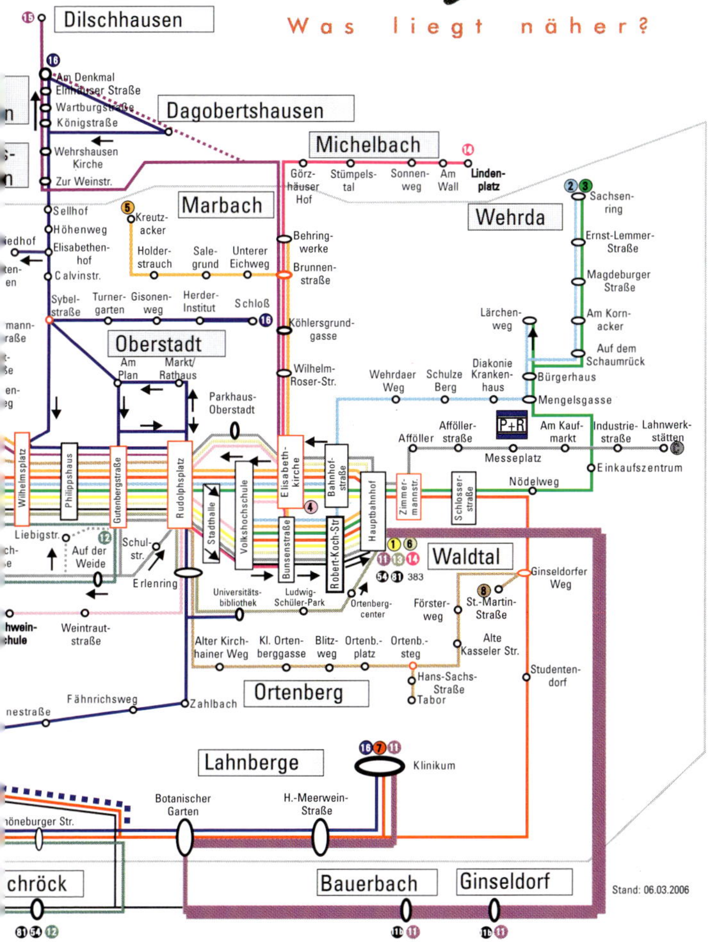

Dilschhausen

Am Denkmal
Elnhäuser Straße
Wartburgstraße
Königstraße

Dagobertshausen

Wehrshausen
Kirche
Zur Weinstr.

Michelbach

Görz-   Stümpels-   Sonnen-   Am   Linden-
häuser   tal   weg   Wall   platz
Hof

Sellhof
Höhenweg
Elisabethen-
hof
Calvinstr.

Marbach

Kreutz-
acker
Holder-   Sale-   Unterer
strauch   grund   Eichweg

Behring-
werke

Brunnen-
straße

Wehrda

Sachsen-
ring

Ernst-Lemmer-
Straße

Magdeburger
Straße

Sybel-   Turner- Gisonen- Herder-
straße   garten   weg   Institut   Schloß

Köhlersgrund-
gasse

Lärchen-
weg

Am Korn-
acker

Auf dem
Schaumrück

Oberstadt

Am   Markt/
Plan   Rathaus

Wilhelm-
Roser-Str.

Wehrdaer Schulze   Diakonie
Weg   Berg   Kranken-
                    haus

Bürgerhaus

Mengelsgasse

Parkhaus-
Oberstadt

Afföller-
straße

Afföller

P+R

Am Kauf-   Industrie-   Lahnwerk-
markt   straße   stätten

Wilhelmsplatz
Philippshaus
Gutenbergstraße
Rudolphsplatz
Stadthalle
Volkshochschule
Elisabeth-
kirche
Bahnhof-
straße
Hauptbahnhof
Zimmer-
mannstr.
Schlosser-
straße

Messeplatz

Nödelweg

Einkaufszentrum

Liebigstr.
Auf der
Weide
Schul-
str.
Bunsenstraße
Robert-Koch-Str.

Waldtal

Ginseldorfer
Weg

Erlenring

Universitäts-
bibliothek

Ludwig-
Schüler-Park

Ortenberg-
center

Förster-
weg

St.-Martin-
Straße

Alte
Kasseler Str.

Weintraut-
straße

Alter Kirch-   Kl. Orten-   Blitz-   Ortenb.-   Ortenb.-
hainer Weg   berggasse   weg   platz   steg

Studenten-
dorf

Fähnrichsweg

Zahlbach

Ortenberg

Hans-Sachs-
Straße
Tabor

Lahnberge

Klinikum

Botanischer
Garten

H.-Meerwein-
Straße

Schöneburger Str.

chröck

Bauerbach

Ginseldorf

Stand: 06.03.2006

383

Zeichenerklärung

═══════	Überörtliche Straße
═══════	Sonstige Straße
═══════	Feldweg
··············	Fußweg
⊡⊡⊡⊡⊡⊡	Fußweg mit Stufen/Treppe
▬■▬■▬	Eisenbahn
──●──	Straße mit Stadtbuslinie und Stadtbushaltestelle
▨	Siedlung
▨	Wald
▨	öffentl. Grünanlage
	Friedhof
▨	Kleingartenanlage
∿	Bach
∿	Fluss
⬭	See, Teich

ⓘ	Touristinformation
🏛	Museum (Auswahl)
JH	Jugendherberge
▲	Campingplatz
⌂	Frei- und Hallenbad
⛳	Minigolfanlage
⬗	Freilichtbühne
WC	öffentliche Toilette
16	Stadtbusliniennummer
▭	Bahnhof
Ⓟ	Parkhaus
Ⓟ	Parkplatz
▬	Omnibusparkplatz
⬭	Sportplatz
↓	Kirche/Kapelle (Auswahl)
⌂	Schutzhütte
372•	Höhenpunkt
⬭	Einzelnes Haus

```
0        250        500 m
├────────┼────────┤
      1 : 15.000
```

96